PRÉCIS ÉLÉMENTAIRE

DU SERVICE DE

PERCEPTION

A L'USAGE

des nouveaux Percepteurs, des aspirants aux fonctions
(Candidats et Surnuméraires) et des Commis

PAR

H. MORET

Percepteur des Contributions Directes

OFFICIER D'ACADÉMIE

ÉDITION NOUVELLE

« Esquisser en son entier un service ou
» fourmillent les détails, guider, encou-
» rager les nouveaux venus et ceux qui
» préparent leurs débuts ; leur signaler à
» tous les dédales où le risque est de s'égarer
» ou de s'attarder : voilà notre but. »

(Page 5)

IMPRIMERIE OBERTHUR, RENNES-PARIS

PRÉCIS ÉLÉMENTAIRE

DU

SERVICE DE PERCEPTION

PRÉCIS ÉLÉMENTAIRE

DU SERVICE DE

PERCEPTION

A L'USAGE

des nouveaux Percepteurs, des aspirants aux fonctions
(Candidats et Surnuméraires) et des Commis

PAR

H. MORET

Percepteur des Contributions Directes

OFFICIER D'ACADÉMIE

ÉDITION NOUVELLE

> « Esquisser en son entier un service où
> » fourmillent les détails; guider, encou-
> » rager les nouveaux venus et ceux qui
> » préparent leurs débuts ; leur signaler à
> » tous les dédales où ils risquent de s'égarer
> » ou de s'attarder : voilà notre but... »
>
> (Page 2)

IMPRIMERIE OBERTHUR, RENNES-PARIS

MINISTÈRE
DES FINANCES

DIRECTION
DU PERSONNEL

Paris, *le 19 Décembre 1902.*

Monsieur le Trésorier-Payeur Général,

J'ai l'honneur de vous faire connaître que M. Moret, percepteur de Riaillé, est autorisé à publier, *sous sa seule responsabilité,* une deuxième édition de son « Précis élémentaire du Service de Perception. »

Vous voudrez bien informer l'intéressé de cette décision.

Agréez, Monsieur le Trésorier-Payeur Général, l'assurance de ma considération très distinguée.

Le Directeur du Personnel,
(Signé) : PRIVAT-DESCHANEL.

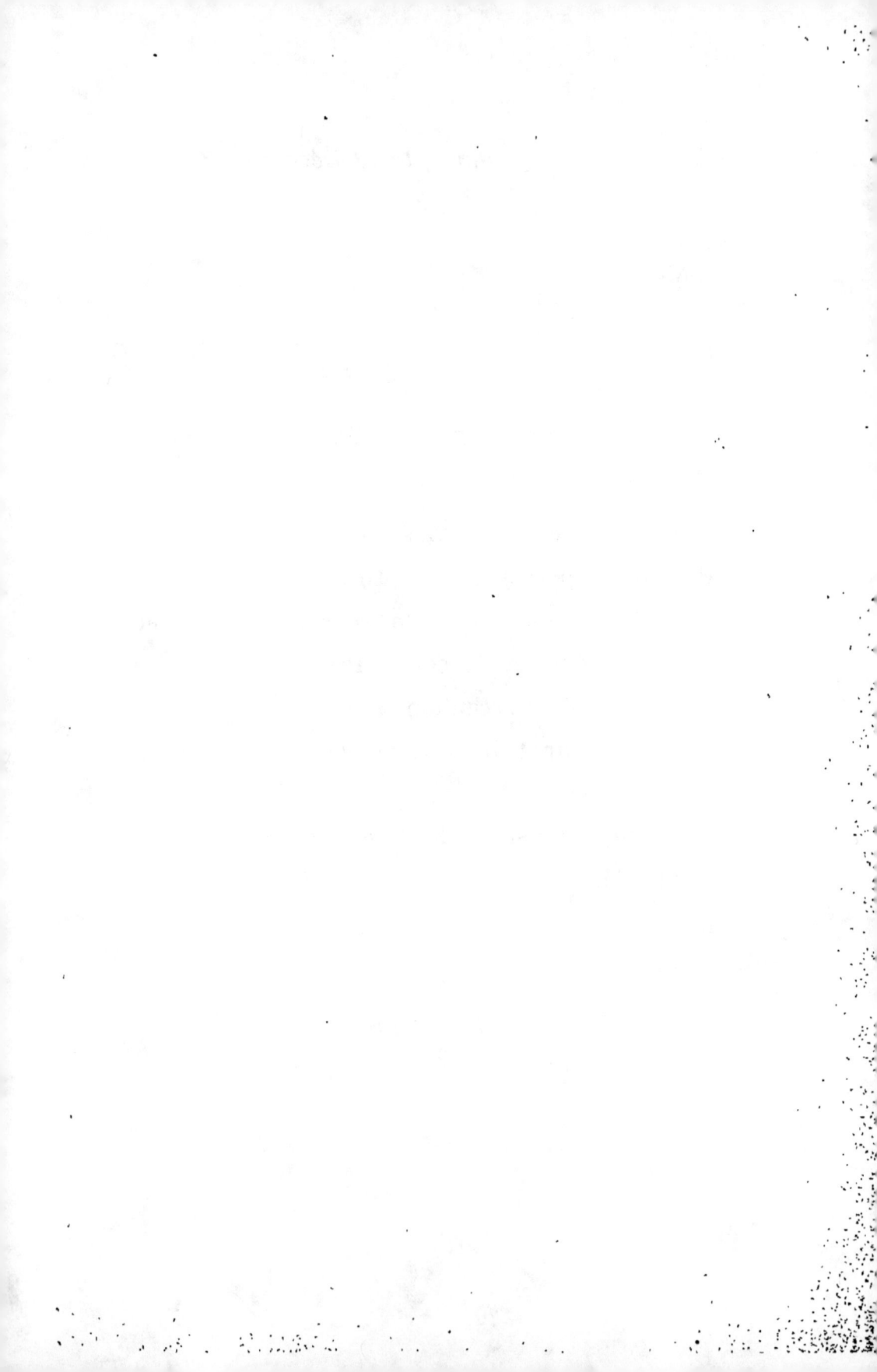

*A mon excellent collègue H. Meunier, percepteur
des Contributions Directes.*

MON CHER AMI,

A défaut de vos obligeants et inoubliables conseils, c'est
un *petit livre* comme celui-ci que j'aurais voulu pouvoir
me procurer, lors de ma nomination à la perception,
aujourd'hui réunie à la vôtre, de Saint-Georges-de-
Noisné.

Vous ajouterez à tout ce que je vous dois en me faisant
le plaisir d'en accepter le cordial hommage.

Votre bien affectueux,

HENRI MORET.

1ᵉʳ janvier 1899.

INDEX MÉTHODIQUE DE L'OUVRAGE

Table analytique des matières

I. — Avant-propos

Pour m'être inopinément trouvé en face des obstacles, je crois connaître les difficultés les plus graves, inhérentes à la gestion immédiate d'un service de perception. Ces difficultés tiennent à un certain nombre de causes. Les principales sont évidemment l'assurance trop osée, bientôt déçue, hélas! qu'a de soi quiconque a naguère appartenu à une administration publique autre que celle des Finances; l'importance ou plutôt l'étendue des règlements qui régissent la matière; l'absence de direction pour l'étude à entreprendre — c'est-à-dire l'ignorance de la partie essentielle du travail à effectuer *a priori* ; le défaut d'initiation aux expressions courantes des bureaux de trésorerie et au « jeu » des écritures ; enfin, le manque de notions générales en comptabilité.

Sans ravaler aucunement la fonction, on peut dire que la *perception* est un métier qui exige de la préparation, et qui réclame, dans le principe, des conseils éclairés. A la déconvenue de ceux qui, jusqu'alors, n'avaient rencontré nul écueil, je ne puis rien. — Il y a toutefois à gagner d'être ramené à une opinion de ses capacités plus modeste. — Pour le reste, je me plais à espérer que les fruits d'une expérience assez laborieusement, et, je présume, assez promptement acquise, seront fort utiles aux fonctionnaires venant d'ailleurs, aux sous-officiers appelés à des perceptions, aux jeunes gens qui se destinent au surnumérariat, aux commis de percepteurs.

D'ailleurs, mon *compendium* — car c'en est uniquement un — est élaboré sans prétention. C'est un enchaînement d'indications fondamentales, résultant d'observations absolument personnelles, une manifestation quelque peu intime du sentiment de celui qui écrit. Que dirai-je ? Un aperçu sur le service, un court manuel de pratique pour des comptables commençants et pour de futurs percepteurs. Ce ne sont pas ceux qui savent à qui il faut essayer d'apprendre.

En résumé, esquisser dans son entier — en une narration claire, rapide et documentée [1] — un service où pullulent les détails, signaler à ceux qui arrivent et à ceux qui préparent leurs débuts les dédales où ils risquent de s'égarer ou de s'attarder, encourager les uns et les autres, grouper des opérations similaires, disséminées à l'infini dans les grands traités, sans *compilation ni plagiat* : voilà ce que j'ai tenté. Je n'ai qu'à souhaiter d'avoir réussi.

Quant à mon plan, il est, à peu de chose près, celui que je me suis fait à moi-même pour l'exécution de la besogne de tous les jours.

Les ouvrages de fond ne manquent heureusement pas à qui veut démêler les mille subtilités de la comptabilité publique, et ici je ne parle que pour la citer tout de suite de l'instruction si complète, quoique d'ores et déjà à refondre, — que chaque comptable devrait très suffisamment posséder, — du 20 juin 1859. Je ne me référerai ni à elle ni aux publications plus récentes, qui en sont les commentaires, ou bien rarement, en tout cas, — persuadé que mes lecteurs ne sauraient tarder d'être parfaitement à même de les consulter avec avantage et facilité [2].

---

(1) La table analytique en témoigne péremptoirement.

(2) Il n'est, à mon sens, rien de rebutant ni d'attardant comme les renvois dont sont hérissés la plupart des traités.

D'un autre côté, j'avais songé à faire suivre ce petit livre de quelques modèles usuels ; mais je n'ai pas tardé à changer d'avis : le comptable installé a sous la main tout ce qu'il lui faut pour travailler ; l'aspirant percepteur trouvera, à coup sûr, dans un service à proximité, tout ce qu'il désirera.

L'exposé d'ensemble que je leur apporte les guidera dans leurs recherches successives, ultérieures, pour parfaire leurs connaissances professionnelles. Quand, d'un coup d'œil, on peut embrasser l'espace à franchir, les hésitations ou les doutes sur l'exécution de la marche ne sont plus.

II. — Des qualités normales à réunir par le Comptable.

Sans nous en faire une gloire individuelle à nous, qui, pourtant, nous honorons infiniment d'appartenir au corps, nous pouvons, sans témérité et sans exagération d'aucune sorte, affirmer que le personnel de l'administration des Finances — nous ne sommes pas exclusif, mais on nous accordera que nous ne pouvons parler à cet endroit que de la branche de la *Comptabilité Publique* — réunit, en propre, de multiples qualités. Il en est une inestimable pour le nouveau venu ; c'est l'accueil empressé dont il est assuré. Bienveillance, sollicitude, indulgence, encouragements des chefs; solidarité étroite, concours effectif et désintéressé des collègues : il n'a rien à désirer, si, se conformant de bonne heure à la tradition, prenant rang au plus tôt, il répond aux avances dont il est l'objet et aux espérances qui en découlent.

Quelles sont, en somme, ces qualités distinctives, normales? Sont-elles nombreuses, pénibles ou difficiles à acquérir? Du tout. Leur énumération est brève, leur caractère obligatoire apparent.

A un comptable il faut de la probité, de l'urbanité, de l'exactitude (urbanité d'autre forme), de la célérité, de la méthode, de l'ordre. De la probité, c'est naturel; il serait superflu sinon blessant d'insister. De l'urbanité, les rapports corrects avec les autorités locales, les fonctionnaires et le public, beaucoup d'obligeance à l'égard de tous, ont une valeur extrême. Etre assidu au bureau, ponctuel dans les tournées, dans les rendez-vous quelconques, prescrits ou acceptés, est, nous l'avons dit, une autre manifestation de la politesse. Une promptitude impeccable à se conformer aux ordres reçus, est l'indice le plus probant de l'activité et de l'intelligence de l'agent d'exécution : l'habitude d'être exact rend le travail plus facile, partant plus rapide; elle fait éviter les tâtonnements, source de la majeure partie des erreurs. De la méthode, c'est-à-dire de l'esprit de suite, sans cela rien n'aboutit, et combien de temps perdu! On peut tenir le même langage quant à l'ordre : tout doit être classé, noté, prévu.

Au surplus, une consultation fréquente des règlements, modèles, minutes et « précédents » forment mieux et plus rapidement le comptable que les conférences les meilleures. Le temps pris pour attentivement lire une instruction, les en-têtes d'un état nouveau n'est jamais perdu. La tâche sera singulièrement facilitée par la tenue régulière et soignée des écritures; elle sera toujours incomparablement plus attrayante. Comme, dans la profession, le temps est le plus souvent précieux, on s'efforcera d'être, en rédaction, à la fois limpide et précis, concis par-dessus tout.

Voilà l'essentiel, ce à quoi il faut sans cesse tendre. Un mot le résume : le dévouement lié au souci de bien faire.

III. — Organisation. — Cautionnement. Responsabilité.

Le décret du 13 mars 1900 renferme les dispositions relatives au recrutement et à l'avancement des percepteurs. Les titulaires hors classe et de première classe sont susceptibles d'être promus **receveurs particuliers.**

Les demandes, par voie de publicité, tendant à provoquer des mouvements dans le personnel, sont interdites.

Le nombre des **percepteurs surnuméraires** est fixé à 150. Les règles relatives à leur nomination font l'objet de l'arrêté ministériel du 21 novembre 1901.

Dans les communes et établissements charitables dont les revenus ordinaires atteignent 60.000 francs, les fonctions de receveur municipal peuvent être confiées à un **receveur spécial.**

Il en est de même après entente, — soit entre la commune et les commissions administratives qui en relèvent, soit seulement entre les commissions administratives, — lorsque les revenus ordinaires, cumulés, soit de la commune et des établissements de bienfaisance municipaux, soit uniquement de ces établissements, excèdent 60.000 francs.

Le cautionnement destiné à garantir le Trésor de la bonne gestion du comptable, peut être constitué, soit en espèces, soit en **rentes sur l'Etat.** Ordinairement le versement a lieu, — préalablement à l'entrée en fonctions, — à la caisse du chef de service.

La rente (de 3 %) est censée être achetée le jour de la nomination du fonctionnaire, au cours moyen, à cette date, de la Bourse de Paris. Elle doit, dans ces conditions, représenter autant de fois 3 fr., de revenu annuel qu'il y a de fois 100 fr. de comprises dans le cautionnement. Si le cours est au-dessous du « pair ; » en d'autres termes, si, au moment de la promotion, la rente vaut moins de 100 fr., cette rente n'est admise que pour sa valeur réelle. Dans ce cas peu probable désormais, mais possible, — en supposant qu'il s'agisse de rente 3 %, au cours moyen de 97 fr. 50, — le revenu annuel à réaliser doit être d'autant de fois 3 fr. que la somme de 97 fr. 50 est contenue dans le chiffre du cautionnement fixé.

L'inscription doit être nominative, directe.

Le comptable **entrant en fonctions** le 1ᵉʳ mars ou après cette date, est seulement **responsable** du recouvrement total des rôles et autres titres de recette de **l'exercice** qui prend le millésime de l'année courante. S'il y entre avant, par le seul fait qu'il se trouve chargé de dresser l'état des **cotes irrécouvrables** au 28 février, il assume, de plus, le cas échéant, la responsabilité des soldes de l'exercice précédent.

Un délai lui est forcément accordé pour procéder aux vérifications qu'il juge opportunes, et pour formuler, s'il y a lieu, des réserves. Ce qu'il faut tout d'abord qu'il s'empresse de faire, c'est un « commencement » de poursuites contre les assujettis en retard de payer. Cette précaution première lui révélera aussitôt l'existence ou la non-existence des **restes à recouvrer** mis à sa charge, à l'époque de son installation.

EXERCICE

Quelques lignes sur la signification du mot **exercice**, qui fréquemment reviendra sous notre plume. L'exercice peut très bien être défini : l'époque de constatation des droits et de production des justifications. C'est plus longuement la durée de l'exécution et du règlement des opérations budgétaires d'une année : recouvrement des produits; gésine des créances; liquidation, ordonnancement et payement des dépenses. Pour les communes, syndicats, établissements charitables, etc.; cette période est de quinze mois; elle s'étend du 1er janvier d'une année au 31 mars de l'année suivante.

C'est dans le cours de la première année que s'acquièrent effectivement les différents droits. Les trois mois supplémentaires de la seconde année sont accordés pour parachever les faits de la première.

Prenons, pour abréger, un exemple : Une fourniture de denrées à un hospice, faite le 31 décembre d'une année, sera payable, sans reports d'écritures ni nouvelles autorisations jusqu'au 31 mars suivant. Et ainsi de suite.

Pour le recouvrement et le versement des amendes, l'exercice est de quatorze mois. Dans les arrondissements autres que celui du chef-lieu, il expire le 20 février.

Il en résulte, — et cela non sans surcroît de travail et de chances d'erreurs, — qu'au commencement de chaque année et même plus tard, des comptes se rapportant à plusieurs exercices se trouvent ouverts, juxtaposés sur les mêmes livres d'un service de perception.

L'exercice emprunte pour sa désignation le millésime de la première année [1].

---

[1] Exercice financier de l'Etat (voir la loi du 25 janvier 1889). *Idem* du Département (voir le décret du 20 janvier 1900).

IV. — Importance
des notions de Comptabilité.

Une supériorité bien positive, c'est de posséder des éléments de comptabilité, soit commerciale, soit administrative, soit — et préférablement — administrative et commerciale à la fois. D'abord cela laisse supposer de la facilité à effectuer les vérifications et les calculs absorbants parfois, — bien que généralement des plus élémentaires, — auxquels est assujetti un comptable, et ensuite une tenue soignée, habile des registres, en même temps que de l'aptitude pour opérer comme il convient — rapidement et sûrement — les balances, reports et rectifications [1], qui, à chaque instant, se présentent. On ne saurait donc engager avec trop d'insistance les percepteurs des contributions directes à qui ces connaissances font défaut, de prendre courageusement la ferme détermination de les acquérir au plus vite.

A titre d'appréciation, ajoutons que, sous plus d'un rapport, malgré les complications conséquentes de tout système centralisateur, la comptabilité publique peut, non sans supériorité, rivaliser avec les mieux conçues, actuellement appliquées.

---

(1) Ce n'est qu'au moyen de contre-parties ou articles d'ordre que sont régulièrement rectifiées les erreurs commises.

V. — Terminologie des bureaux. Opérations fictives.

Dans un ordre d'idées identique, il convient de mettre en relief l'obligation de se promptement familiariser avec les termes techniques, la technologie, si l'on préfère, des bureaux de recette et de trésorerie. Par là même, ne pas craindre, au cours de la conversation, — voire, s'il est nécessaire, par correspondance, — de se faire expliquer les locutions admises, dont le sens échapperait.

Il est aussi des simplifications qui ne laissent pas d'apporter de la confusion à l'esprit de presque tous les débutants. Telles les **opérations fictives** de caisse. Ainsi, à l'occasion de la réception d'une ordonnance de dégrèvement : l'état envoyé au percepteur est, pour nous servir d'une expression de négoce, du « papier » dont il doit se « couvrir ». Ainsi également pour l'**excédent de versement,** qui se règle par une très banale transposition de chiffres, dans les écritures, sans qu'il y ait, en l'état, à se mettre en peine du remboursement effectif à la partie intéressée — *ipso facto* autorisé — qui s'opérera, sur la signature d'une quittance préparée d'avance, laquelle quittance deviendra une pièce de dépense ou valeur de caisse. Ainsi encore pour l'acquittement continuel des ordonnances et mandats de payement de l'État et du Département ; ces titres, tout comme les **timbres mobiles** possédés par le comptable, constituent, à proprement parler, du papier-monnaie contre ou avec lequel, quand il y a lieu, sont échangées ou représentées les espèces de la caisse. C'est, en définitive, l'affaire d'une très brève pratique. Il n'y a guère à s'en préoccuper.

VI. — Des Recettes et des Dépenses.

Les recettes et les dépenses de toute nature sont, les unes et les autres, bien exactement prévues et parfaitement fixées, au moyen de titres ou états. Une distinction capitale doit avant tout être faite entre les opérations afférentes au Trésor et celles qui concernent les communes, hospices, bureaux de bienfaisance, syndicats. Aucune confusion sur la provenance et la destination des fonds n'est permise, — les uns devant subvenir aux dépenses de l'Etat et du Département, les autres à celles des communes, etc.

Encore est-il recommandé de toujours maintenir une sélection, une **division stricte** entre les fonds communaux et d'établissements. Pour plus de netteté, il est interdit d'employer même temporairement l'encaisse de telle commune, de tel syndicat, etc., à éteindre les charges de telle autre commune, de tel autre syndicat, etc.

Les **titres de recette** sont les rôles des différentes contributions [1]; les états de perception spéciaux, résultant d'arrêtés préfectoraux (produits éventuels départementaux, etc.), transmis par la Trésorerie et la Recette des finances ; les actes administratifs homologués par le préfet (contrats de vente, baux, etc.), — pareillement envoyés, — des communes, établissements charitables et syndicats. Pour certains produits d'un caractère émi-

---

(1) Les rôles sont publiés par les soins des maires. L'accomplissement de cette formalité est certifié, sur le titre, par le percepteur.

nemment aléatoire, il n'existe cependant pas de titres de perception; tels les suivants :

Droits pour l'obtention des **Brevets de capacité**, reçus dans toutes les perceptions, sur la présentation d'une déclaration de l'inspection académique, à conserver par le comptable, jusqu'au moment du versement à la recette, par double bordereau.

Droits de délivrance des **Permis de chasse** (18 fr. pour l'État; 10 fr. au profit de la commune où est domicilié le pétitionnaire). Les quittances à souche, jointes à la demande sur timbre, sont transmises par le maire à la sous-préfecture.

Recouvrement pour le compte des **Caisses d'épargne** privées, auxquelles le concours des percepteurs est acquis.

Versements opérés par les **Sociétés de secours mutuels**. Aux termes de l'instruction du 30 novembre 1901, ces sociétés peuvent, hors des chefs-lieux d'arrondissement, faire entre les mains des percepteurs : 1° les dépôts et retraits se rapportant à leur compte courant de fonds libres; 2° les versements à leur fonds commun inaliénable. Les versements entrent comme fonds de subvention dans la caisse du comptable.

Recettes concernant les opérations des **Caisses Nationales d'Assurance** en cas de décès et d'accidents, étendues aux risques prévus par la loi du 9 avril 1898. Pour contracter une assurance, les intéressés (particuliers, chefs d'entreprise, etc.) ont la faculté de s'adresser aux percepteurs, détenteurs de formules de demande de souscription, et de faire, personnellement, dans les perceptions, le versement des primes déterminées. Ces primes ne sont pas dès lors quérables ; elles sont, d'ailleurs, encaissées sans avis préalable de l'administration supérieure. Les recettes de chaque journée font l'objet d'un relevé (modèle n° 1 de la circulaire du 10 juin 1899), directement expédié à la Caisse des Dépôts et Consignations. Les primes recouvrées sont versées à la Recette des finances avec le bordereau modèle n° 2, **en double.**

Remises de fonds pour la **Caisse nationale des Retraites pour la Vieillesse.** — Le but de cette institution est d'asssurer aux déposants, à partir de l'âge de cinquante ans (ou plus tôt dans le cas fortuit d'incapacité de travailler), des rentes viagères de deux francs (2 fr.) au moins et de douze cents francs (1.200 fr.) au plus. L'instruction à consulter porte la date du 5 mars 1887 ; elle a reçu quelques modifications.

Les versements sont de un franc (1 fr.) au minimum; en principe ils ne peuvent être annuellement supérieurs à cinq cents francs (500 fr.). Ils sont reçus par les percepteurs, à des époques facultatives, au profit de toute personne âgée d'au moins trois ans.

Pour les économies inférieures à un franc, il existe **des bulletins-retraites** à couvrir de timbres-poste. Lorsque les timbres collés représentent la valeur de un franc, le bulletin-retraite est accepté pour cette somme. Le comptable indique toutefois dans ses écritures (quittance à souche, etc.) que le versement a été fait en timbres-poste.

Les versements sont opérés **directement,** ou **par intermédiaire.** N'importe qui peut, sans aucune formalité, se constituer intermédiaire, c'est-à-dire **mandataire verbal.** Les pièces à produire sont, en général, une déclaration (mod. n° 1) et une copie de l'acte de naissance, — dans la pratique, un bulletin, mais avec la date en toutes lettres, — délivrée gratis, par le maire de la commune ou le greffier du tribunal civil.

La déclaration contient l'énumération des pièces justificatives qu'elle comporte. Elle est signée du préposé et du déposant (lui-même ou son intermédiaire). Une simple mention à la place de la signature indique, le cas échéant, que la partie versante est illettrée. Les conditions du premier versement peuvent toujours être modifiées.

Les versements par intermédiaire doivent, autant que possible, être effectués au commencement de chaque dizaine du mois; ils donnent lieu, d'ailleurs, à la production d'un bordereau spécial (modèle n° 8). Pour l'établissement de cette pièce, on consultera avec fruit le chapitre VII de l'instruction et la page 1 du tarif officiel.

Tout versement collectif ou isolé fait l'objet d'une quittance ordinaire. Une distinction doit être faite tant sur la souche que sur le volant, entre les versements **nouveaux**, les versements **subséquents** et les versements **par intermédiaires.**

Des livrets sont remis gratuitement aux déposants; ils sont représentés à chaque versement subséquent.

Le chiffre des versements subséquents est transcrit sur les livrets par le percepteur ; les bureaux de la Caisse des Dépôts et Consignations y inscrivent la rente définitive, correspondant à tout versement.

Le livret est repris à la caisse du préposé contre un reçu donné au dos de la quittance; la date de la remise est mentionnée à la souche. La quittance est ensuite transmise, par la voie hiérarchique, à la Caisse des Dépôts.

Pour toutes les opérations de la Caisse nationale des Retraites, l'exemption des droits de timbre et d'enregistrement est absolue.

A l'expiration de chaque journée, les dépôts reçus par le comptable sont récapitulés et portés au Livre des comptes divers (2ᵉ section). Des colonnes distinctes reçoivent les recettes en numéraire et les recettes effectuées au moyen de bulletins-retraites. Ces dernières recettes sont sur-le-champ, au même livre et au récapitulatif « passées » en dépenses. Enfin, il est dressé un bordereau (modèle n° 10), numéroté par série annuelle, qui, le lendemain, au plus tard, est envoyé, sous chargement, en franchise, avec toutes les pièces relatives au versement du jour, au Directeur général de la Caisse des Dépôts et Consignations. Un duplicata du bordereau n° 10 est, en même temps, adressé au Receveur des finances.

Le versement à la Recette des finances s'opère à l'aide d'une déclaration modèle n° 11.

Les frais d'imprimés sont à la charge des percepteurs.

Rentes sur l'Etat. — *Vente et achat.* — Les percepteurs reçoivent des personnes domiciliées dans le ressort de leur perception et des receveurs spéciaux des communes et établissements, à titre d'intermédiaires, à leur résidence seulement, sous les conditions énumérées dans la circulaire de la Comptabilité publique du 27 avril 1900, modifiée par celle du 10 mai 1902, les fonds pour l'achat de rentes de toute sorte sur l'Etat, ainsi que les dépôts de titres de rentes nominatives et mixtes, — à l'exclusion formelle des titres de rentes au porteur, — destinés à être vendus.

Les demandes d'achat ne peuvent excéder cent francs de rentes (100 fr.) par rentier et par jour. Nulle limite n'existe quant à la valeur des titres nominatifs ou mixtes à vendre.

Une copie du bulletin télégraphique quotidien de la Bourse de Paris est distribuée au comptable, pour être placardée dans son bureau. Les droits de courtage (1/10e pour cent) doivent être ajoutés au capital à verser.

Les demandes d'achat et de vente de titres de rentes

sur l'Etat sont transmises le jour même à la Recette des finances.

Le règlement des achats de rentes nominatives ou mixtes est opéré par le percepteur. Celui des achats de rentes au porteur est fait par le Receveur des finances. C'est pareillement à la Recette des finances qu'il est procédé au règlement des ventes de titres de rentes nominatives et mixtes.

A défaut de conventions écrites, les immeubles loués ou affermés font l'objet de **Déclarations de location verbale**, qu'en vue d'éviter aux intéressés des déplacements parfois onéreux, les percepteurs ont le devoir de recevoir, dans les communes dépourvues d'un bureau de l'Enregistrement, au lieu et place du receveur de cette administration. La déclaration est faite par le preneur, ou, à son défaut, par le propriétaire, dans les trois mois de l'entrée en jouissance.

Le droit à percevoir est de 0 fr. 20 pour cent, en principal, plus le double décime et demi de ce droit ($0^f02 + 0^f02 + 0^f01 = 0^f05$), au total 0 fr. 25. Le droit proportionnel suit les sommes de 20 francs en 20 francs, sans fraction. Nulle perception ne peut être inférieure à 0 fr. 25 en principal. Quand une fraction de somme ne produit pas 0 fr. 01, il faut arrondir à ce chiffre.

EXEMPLES :

1°. — Soit à percevoir sur une somme de 120 fr. Le comptable recevra :

120 fr. × 0 fr. 20 = 0 fr. 24. qu'il faut élever à $\quad 0^f25$
+ 0 fr. 25 × 0 fr. 25 = 0 fr. 0625, qu'il faut porter à $\quad \underline{0\ 07}$

TOTAL............ $\underline{\underline{0\ 32}}$

C'est là une perception minimum.

2°. — Soit à toucher le droit sur 200 fr. La recette sera de :

200 fr. × 0 fr. 20 = $\quad 0^f40$
+ 0 fr. 40 × 0 fr. 25 = $\quad \underline{0\ 10}$

TOTAL...... $\underline{\underline{0\ 50}}$

Des revenus communaux, comme les droits de place dans les halles, foires et marchés, sont quelquefois perçus à l'aide de **Tickets**. L'usage de ce mode de recouvrement implique le dépôt des tickets employés, à la caisse du percepteur-receveur municipal. La remise aux agents spéciaux, chargés de la perception directe est effectuée par le comptable. L'entrée dans la caisse et la sortie donnent lieu aux écritures prescrites par l'instruction du 25 septembre 1901.

Les **titres de dépense** sont les récépissés à talon ou plutôt à souche délivrés, lors des versements, par la Recette des finances [1]; les mandats et autres états de payement (**pièces de dépense**), revêtus du « Vu bon à payer [2] » du Trésorier général [3], de l'acquittement desquels est chargé le percepteur, pour le compte de l'Etat ou pour celui du Département; et, enfin, les **mandats établis par les maires**, ordonnateurs et présidents de syndicats, dans la limite des prévisions de dépense portées aux budgets communaux et autres budgets adressés, par la voie hiérarchique, au comptable.

Les percepteurs paient directement les **arrérages de rentes** nominatives sur l'Etat que les titulaires demandent expressément à toucher à leurs caisses, et les rentes des communes et des établissements. Ils paient également, sur la simple production des coupons déta-

---

(1) Ou par la Trésorerie, pour l'arrondissement du chef-lieu.
Cette observation devra être sous-entendue chaque fois que l'expression « Recette des finances » sera employée.
(2) Les mandats et états de solde délivrés aux militaires en route ne sont soumis à aucun visa préalable; mais la mention du paiement fait est portée sur les feuilles de route.
(3) Les appellations « Trésorier-Payeur général » et « Receveur particulier des finances » seront tenues pour synonymes.

chés des titres, les arrérages des rentes mixtes et des rentes au porteur.

Le payement des arrérages de rentes nominatives s'effectue conformément aux dispositions de l'instruction du 21 décembre 1899.

Les arrérages de rentes qui n'ont pas été touchés pendant cinq ans à partir de l'ouverture du trimestre auquel ils appartiennent sont atteints par la prescription.

En fin d'exercice, dans les arrondissements, les mandats du service départemental ne sont payables que jusqu'au 20 février, et ceux des ministères (Etat) que jusqu'au 20 avril.

Toute quittance pour une somme supérieure à dix francs, libellé sur une pièce de dépense, donne lieu à l'apposition, auprès de la signature, d'un timbre de 0 fr. 10.

Si la quittance est fournie à l'Etat, le coût du timbre est à la charge du créancier; autrement il incombe au département, à la commune ou à l'établissement débiteur [1].

Dans beaucoup de services les mandats des communes et établissements sont, à la fin de chaque trimestre, soumis, avec le livre des comptes divers, à la vérification du Receveur des finances.

VII. — Livres généraux.

Toutes les recettes, sans exception, figurent au *Journal à souche* ordinaire. Elles sont, en outre, sommairement

---

(1) Voyez les exceptions, p. 40.

totalisées au *Livre récapitulatif*, et détaillées, en partie,
au *Livre des comptes divers* et au *Livre de détail*. Ces
registres sont annuels.

Comme les recettes, les dépenses sont successivement
inscrites au Livre récapitulatif, au Livre des comptes
divers et au Livre de détail, ainsi qu'au *Carnet des pièces
de dépenses* [1].

VIII. — Livres auxiliaires.

Il y a dans une perception [2] beaucoup d'autres livres
que les quatre principaux dont l'énumération précède;
d'ailleurs, leur quantité est fort variable, par service.
Nous ne pouvons évidemment mentionner que les plus
usités; ce sont les suivants :

Le Carnet de caisse,

Celui des pièces de dépense,

Le Journal à souche spécial des Caisses d'épargne
privées,

Le Carnet des ordonnances de dégrèvement et des
ordonnances de non-valeur,

Le Livret des comptes courants des communes et
établissements avec le Trésor,

Le Carnet des titres de recette des communes, etc., et
des dépenses à régler en plusieurs exercices,

Ceux du service des amendes,

Celui des contraintes et commissions extérieures,

Le Carnet d'achat des timbres de quittance à 0 fr. 25,

Le Carnet de notes pour la modification des rôles,

Ceux du service des rentes sur l'Etat,

---

(1) Voir pp. 30, 32, 33, 41 et 45.
(2) On dit aussi « *réunion* de perception. »

Le Journal à souche des demandes en remise, et le Carnet de situation générale (dégrèvements fonciers),

Le Carnet d'ordre pour la notification par la poste des actes de poursuites,

Le Carnet d'entrée et de sortie des plaques de vélocipèdes,

Le Registre des patentes délivrées par anticipation,

Le Livre de correspondance.

Donnons immédiatement quelques brèves indications sur la tenue ou l'objet de ces divers registres.

Le **Carnet de caisse** présente la composition du numéraire existant et contient les éléments de la situation journalière à fournir.

Le **Carnet des pièces de dépense** sert à l'enregistrement quotidien, de la manière que nous exposons plus loin [1], de toutes les quittances justificatives des payements autres que ceux qui intéressent les communes, syndicats, etc., effectués par le comptable.

L'utilité du **Journal à souche spécial pour les versements faits aux Caisses d'épargne** est un peu discutable. Toutefois, le livre dont il s'agit permet de rapidement établir un récépissé qui, après avoir nanti le déposant, est expédié avec les bordereaux de huitaine remplis, à la Recette des finances. Le relevé de tous les dépôts d'une journée donne lieu à la rédaction d'une quittance récapitulative du journal à souche ordinaire, que le percepteur se délivre à lui-même et qu'il annexe ensuite, en forme de justification, à ses envois du jeudi soir. Au reste, ce registre est totalisé par année. Les totaux successifs sont naturellement en concordance très parfaite avec

[1] Voir p. 45.

ceux du chapitre particulier du livre des comptes divers.

Le comptable préposé d'une Caisse d'épargne privée reçoit également les demandes de remboursement de dépôts. Il les transmet chaque semaine — le jeudi — à la Recette des finances. Les remboursements sont opérés sur l'autorisation du Trésorier général.

Il va de soi que les quittances de remboursement constituent des pièces de dépenses à porter au Carnet.

Le Carnet des ordonnances de dégrèvement et de non-valeur renferme la démonstration de l'emploi, soit en l'acquit des impositions restant dues, soit en excédents de versement, des titres de décharge reçus. Après chaque série d'inscriptions, il est soumis à la vérification du Receveur des finances.

Il importe de distinguer entre les ordonnances de dégrèvement et celles de non-valeur.

A. — Ordonnances de dégrèvement.

Les ordonnances de dégrèvement (sur *papier blanc*, quand elles concernent le Trésor, sur *papier rose* lorsqu'elles s'appliquent aux communes) sont invariablement portées au carnet spécial [1]. Les ordonnances sur produits communaux font l'objet d'une mention de réduction du rôle, à la première page du titre lui-même, sur le bordereau détaillé de la commune et au Livre de détail.

Rarement les unes ou les autres donnent lieu à la constatation d'excédents de versement. Normalement donc, elles viennent en déduction des cotes dues par les contribuables en faveur de qui elles ont été souscrites.

Une fois employées et accompagnées des quittances du Journal à souche, les ordonnances de dégrèvement du Trésor (papier blanc) sont des pièces de dépense au

---

[1] Ce carnet est divisé en deux parties correspondantes.

même titre, par exemple, que les mandats des divers ministères.

Plusieurs ordonnances simultanément employées peuvent ne faire l'objet que d'une seule quittance; alors il convient de porter sur ceux des titres auxquels elle n'est pas jointe la référence ci-après : « Quittance à souche n°   , annexée à l'ordonnance n°   (Finances), exercice 190 , chap.   , n°   , art.   . »

Les ordonnances sur papier rose donnant lieu à la **diminution des titres de recette**, ne font nécessairement pas l'objet d'une quittance à souche, au nom du Receveur des finances. Elles sont conservées pour être plus tard produites à l'appui des comptes de gestion, comme justification des réductions effectuées.

La colonne 22 du carnet des ordonnances (1re partie) et la colonne 19 (2e partie) donnent la succession des opérations que présentent respectivement au Livre des comptes divers, les deux comptes **Excédents de versements**[1]. Il en découle que ces colonnes reçoivent l'inscription des excédents de toute nature ou de toute provenance, qu'il arrive d'avoir à constater.

Une remarque assez importante à propos des **ordonnances sur l'impôt des chevaux, voitures et vélocipèdes**. Comme pièces de dépense, ces ordonnances n'ont de valeur que la part prise par le Trésor dans le dégrèvement. Elles figurent néanmoins pour leur intégralité au Rôle, au Carnet des ordonnances et au Journal à souche.

L'émargement du Rôle peut être ainsi libellé :

Ordonnance n°   , du   , Fr. _____
Part du Trésor.................................
Restitution de l'attribution communale.........
        TOTAL ÉGAL...................

[1] Voir pp. 38 et suiv.

Pour couvrir la part de la commune, il convient de considérer deux hypothèses :

1° S'il s'agit d'un exercice expiré, il faut faire dresser par le maire, au nom du percepteur, — sur le crédit des dépenses imprévues ou à titre d'autorisation spéciale, — un mandat égal au montant (chiffre de l'attribution communale) du certificat du Directeur des Contributions directes, à détacher de l'ordonnance, avant son versement [1].

2° Si le dégrèvement se rapporte à l'exercice en cours (pourvu que des **allocations de centimes** et attributions aient déjà été faites à la commune), il faut procéder par voie de « réduction de titre, » c'est-à-dire, — en fin de journée toujours, — de déduire du compte de la commune, sur le Livre de détail et sur celui des Comptes divers, ainsi qu'au Journal à souche et au Livre récapitulatif, une somme égale au total du certificat à conserver pour justification.

Dans le cas où nulle allocation de centimes communaux n'aurait encore été accordée, le bulletin de restitution (certificat du Directeur des Contributions), constitue, jusqu'à la possibilité de réduire, une valeur de caisse à l'égal du numéraire.

B. — *Ordonnances de non-valeur.*

Les ordonnances de non-valeur ne peuvent jamais motiver des excédents de versement, ni des imputations sur des articles autres que les cotes *a priori* jugées irrécouvrables. Les sommes qui auraient été recouvrées depuis l'établissement des états de cotes irrécouvrables sont purement et simplement déduites, d'office, du montant de ces ordonnances.

---

(1) Cette manière de procéder est même préférable, dans tous les cas.

Il ne s'ensuit pas moins que les ordonnances de non-valeur des communes, etc., donnent lieu, jusqu'à concurrence du chiffre de leur emploi, à une réduction des titres, et aux inscriptions qui en résultent, au Livre de détail et aux bordereaux détaillés, — comme les ordonnances de dégrèvement sur papier rose.

Le Livret des Comptes courants avec le Trésor est une véritable superfétation. C'est, pour autrement dire, le double du compte détaillé, existant à la troisième section du Livre des comptes divers.

Il doit être produit à la recette chaque fois que se manifeste un mouvement quelconque des fonds portant intérêts, déposés au Trésor. Il est recommandé d'éviter, autant que possible, pendant la dernière « dizaine » de décembre, les opérations de placement ou de remboursement.

La tenue du **Carnet des titres de recette des communes et établissements et des dépenses à régler en plusieurs exercices** est, au contraire, tout à fait rationnelle. Ce registre donne, dans le moment précis, des renseignements assez souvent demandés. Il est notamment à consulter à l'époque de la production des comptes de gestion et lors de la rédaction des relevés semestriels, des baux et marchés.

Le service des **amendes** occasionne à lui seul la tenue d'au moins cinq carnets auxiliaires : le *Carnet de prise en charge des extraits de jugement*, le *Carnet des extraits provisoires*, le *Carnet des demandes de renseignements*, le *Carnet des recouvrements*, le *Carnet des inscriptions hypothécaires*, le *Sommier des surséances* [1].

---

(1) Il y a aussi le Carnet, fort employé parfois, des **transactions forestières**.

Pour le recouvrement des amendes, des **extraits de jugement** sont expédiés au percepteur. Il en prend tout de suite charge sur le carnet modèle n° 10 et au Livre des comptes divers. Ensuite un avertissement spécial est adressé au condamné. Le recouvrement donne lieu à la délivrance d'une quittance à souche, — timbrée à 0 fr. 25, lorsque la recette est supérieure à 10 fr., — à l'inscription sur le carnet modèle n° 54, ainsi que sur le Livre récapitulatif et sur le Livre des comptes divers, et à l'émargement sur l'extrait de jugement. La quittance doit régulièrement contenir la date du jugement et le détail de la somme recouvrée.

Au Livre des comptes divers, le produit des frais d'extraits de jugement fait l'objet d'un compte ou chapitre à part. Il en est de même des frais de poursuites.

Les **acomptes**, quand il en est accepté, sont, sauf si le condamné a pour but de profiter du bénéfice de la loi du 5 août 1899, sur la réhabilitation, imputés à l'avoir des débiteurs dans l'ordre que voici : frais de poursuites, frais d'extraits de jugement, frais de réparation, droits de poste, frais de justice, restitutions, amendes et décimes.

En fin de mois, les recouvrements intégraux ou pour solde des amendes prononcées pour **crime** ou **délit** font l'objet de fiches individuelles, destinées au Parquet. Les fiches doivent contenir l'indication de la nature de l'infraction réprimée. Elles sont préparées au fur et à mesure des recouvrements.

Le **versement des amendes** est opéré à l'aide d'un bordereau du modèle réglementaire, d'après les instructions données par le chef de service, — ordinairement quatre fois par an ou lorsque le produit atteint un chiffre supérieur à 100 fr. Le versement des frais recouvrés a lieu simultanément.

Les acomptes ne sont versés qu'en fin d'exercice, soit le 20 ou le 28 février de la seconde année.

C'est à l'une de ces dates, selon qu'il s'agit du chef-lieu ou d'un arrondissement, que sont établis les états des restes à recouvrer.

Les articles non recouvrés admis en non-valeur sont déduits des prises en charge et inscrits au **sommier des surséances** ; les autres sont reportés à l'exercice en cours.

Le recouvrement est susceptible d'entraîner à des poursuites et même à l'**incarcération**, autrement appelée **contrainte par corps** (consulter les circulaires du 20 et du 24 mars 1899). Dans ce cas-ci, il importe extrêmement d'éviter toute équivoque entre les débiteurs **solvables** et les condamnés **non solvables**.

Le relevé trimestriel des insolvables ne comporte plus l'exception en faveur des condamnés dont le domicile n'est pas connu.

La signification d'un commandement[1] doit précéder toute incarcération d'insolvable. Les extraits de jugement doivent accompagner tant les états de poursuites que les réquisitions d'incarcération et les bordereaux d'inscription hypothécaire.

Les réquisitions à fin de contrainte par corps sont produites en brevet. Elles donnent lieu à une annotation, à l'encre rouge, en marge du Carnet de prise en charge des extraits de jugement.

La libération envers le Trésor d'un redevable susceptible d'être contraint par corps est notifiée, d'urgence, au chef de service.

---

[1] Voir p. 37.

Au lieu de l'incarcération, la **recommandation** peut être obtenue contre les détenus pour une cause étrangère, insolvables.

S'il arrive, des **inscriptions hypothécaires** sont prises, à la diligence des percepteurs et avec le concours des receveurs des finances, — par un bordereau en double, modèle n° 27, — sur les biens *présents* ou *futurs* des condamnés; il convient d'attentivement veiller à leur renouvellement **décennal**.

Les frais d'inscription, ainsi que ceux d'incarcération, sont considérés comme frais de poursuites.

Les salaires dus aux conservateurs sont perçus, s'il y a lieu, au titre : « Excédents de versement. » En cas de non-recouvrement, ils sont annotés au sommier des sur-séances.

Les **demandes de renseignements** ou les certificats d'indigence reçus ou envoyés figurent au carnet ouvert en exécution des dispositions de la circulaire du 20 décembre 1887. Afin de prendre inscription, le cas échéant, en temps opportun, il importe d'établir ces demandes dans la huitaine de l'envoi des avertissements.

Pour plus d'un motif, un percepteur peut **déléguer** à un collègue le soin de poursuivre le recouvrement d'une portion des sommes dont il détient les titres de perception. En matière de contributions directes, cela se pratique notamment quand un propriétaire d'immeuble ne réside ni dans la commune ni dans l'arrondissement [1], et qu'il n'a pas de représentant dans la première, et, en matière d'amendes, lorsque le débiteur n'est domicilié ni dans l'arrondissement [1] ni dans la commune.

---

(1) En cas de poursuites par la poste, dans la circonscription de la réunion.

Le **Carnet des contraintes extérieures** reçoit l'inscription des délégations à recouvrement, expédiées, par la voie hiérarchique, à des collègues.

Le comptable à qui parvient une contrainte ou une commission [1] extérieure, est entièrement substitué à celui de qui l'état émane. Il a donc absolument les mêmes pouvoirs et les mêmes devoirs que s'il était consignataire du rôle ou autre titre de recette, auquel la commission ou la contrainte se rapporte. Dans la deuxième dizaine du mois, les sommes recouvrées sont, en totalité, versées à la Recette des finances.

Pour les contribuables ayant changé de résidence avant l'établissement des rôles, les comptables sont autorisés à joindre les avertissements aux contraintes extérieures. Si ce sont des employés de chemin de fer, il ne doit être procédé par voie de contrainte (circulaire du 19 août 1864) que lorsque les **démarches officieuses** n'ont pas donné de résultat. Ces démarches préalables consistent dans l'envoi d'extraits de rôle modèle n° 5 *ter*, au domicile du débiteur et à la Direction de la Compagnie.

La faculté qu'ont désormais les assujettis de verser, le 30 juin, **au plus tard**, leurs impositions dans n'importe quel bureau de perception ne peut que tendre à réduire l'émission des contraintes extérieures.

Les commissions extérieures non recouvrées sont, avant d'être renvoyées, transcrites sur le sommier des surséances.

Dès leur réception, contraintes et commissions sont prises en charge au Livre des comptes divers. Des déduc-

---

(1) « Contrainte » en matière de contributions, « commission » en matière d'amendes.

tions sont effectuées dans le cas de non-recouvrement et de renvoi.

Quand des produits communaux sont portés sur une contrainte extérieure, cette pièce doit être revêtue du visa « pour autorisation de poursuivre » du maire de la commune intéressée. Les frais, quand il est nécessaire, sont faits sur la simple demande du consignataire.

Des percepteurs, — ceux des grandes villes, en particulier, — prélèvent sur les recouvrements opérés en vertu de **contraintes** ou de **commissions extérieures**, la **remise** allouée par l'art. 1137 de l'Instruction générale. Au retour des pièces, le comptable signataire de la contrainte rédige, au nom du Receveur des finances, une quittance à souche pour la somme réduite ou nette recouvrée, et, à son nom à lui, une autre quittance pareille, du montant précisément de la remise retranchée. En conséquence, la somme nette seule est portée au Carnet des pièces de dépense.

Le **Carnet d'achat des timbres mobiles**, contrôlé, à domicile, par les inspecteurs de l'Enregistrement, est destiné à la constatation de la perception régulière du droit de timbre de quittance de 0 fr. 25. La constatation dont il s'agit est facilitée par l'apposition du timbre d'oblitération, à la souche des quittances.

Le titre du **Cahier de notes** exprime suffisamment son but fort utilitaire. Deux fois par an, il en est produit des **extraits** par commune, pour la rectification des rôles ou pour l'amélioration de l'assiette des impôts.

Pour la plupart des comptables, le service des **rentes nominatives** 3 % sur l'Etat consiste dans la préparation, dans l'ordre des numéros des titres et d'après l'origine des inscriptions (directes ou départementales), des bordereaux-quittances, et, s'il y a lieu, des quittances à souche; dans l'apposition du timbre-estampille circulaire sur les titres et sur les bordereaux; enfin, dans l'émargement des paiements opérés sur les **états d'arrérages** et l'enregistrement des quittances données sur le **Carnet** modèle n° 11. Il convient d'avoir soin d'indiquer sur les quittances à souche les numéros des inscriptions des communes et établissements.

Le renouvellement de ces inscriptions ne nécessite aucune écriture. Les titres sont déposés à la Recette des finances. A défaut de case en blanc, le dernier timbre-estampille est apposé sur le recto de l'inscription.

Plus loin [1], il est donné des détails sur la tenue des **registres** concernant le dégrèvement des **petites cotes foncières.**

Dans les réunions de perception où a été prescrite la **substitution des facteurs des postes** et des huissiers aux porteurs de contraintes, sont appliquées, en leur ensemble, les dispositions de l'instruction du 28 août 1902, trop longue et trop récente pour être à cette place analysée et commentée. C'est le **Tableau-plan** des circonscriptions de distribution, à dresser en tout premier lieu, qui détermine le groupement, par facteur et par nombre de quinze au plus, par jour, des actes de poursuites à signifier.

Pour l'établissement du compte d'emploi des **plaques de contrôle des vélocipèdes**, à produire, par application des prescriptions contenues dans les circulaires des 10 mars 1899 et 9 juin 1900, il importe de ne point perdre de vue que la durée d'une **campagne** embrasse la période

(1) Voyez p. 55.

qui va de l'établissement d'un rôle primitif à l'autre.

Ne pas omettre d'effectuer, dans les mairies, le retrait mensuel des plaques restituées.

Le **Registre des patentes délivrées par anticipation** aux forains *étrangers au département*, — déposé, par la Direction des Contributions directes, dans la plupart des perceptions, — est d'un usage peu commun. Du reste, la délivrance des patentes n'offre pas de difficulté excessive; il suffit de se pénétrer des instructions succinctes, très précises, et des modèles fort clairs de calcul des taxes à appliquer, donnés à la fin de l'opuscule.

Il est à retenir qu'en ce qui regarde les marchands forains n'ayant pas de domicile fixe, la patente ne peut être établie que pour l'année entière.

Bien que la tenue du **Registre de correspondance** ne soit pas formellement prescrite, elle s'impose dans la pratique. La rédaction laconique, abrégée qui la constitue, offre tout au moins l'avantage de dispenser le comptable d'écrire des minutes, sans cela inévitables.

Dans la correspondance officielle entre tous les fonctionnaires civils et militaires, les préambules et formules de salutation sont supprimés.

IX. — Du Journal à souche.

Le Journal à souche est le registre primordial d'une perception, celui où le débutant trace sa première ligne. Il est délivré, à titre onéreux [1], par le Receveur des

---

[1] La majeure partie des imprimés, pour l'exécution du service, sont pareillement à la charge du percepteur.
Pour les commandes, voir p. 71.

finances. Facile à tenir, il n'en réclame pas moins du soin et de l'attention. Toutes les recettes, réelles ou fictives [1], y sont portées. Des exemples de libellés de quittance figurent au verso de la couverture. Un libellé doit être simple, mais complet; un journal à souche convenablement rédigé devient une source considérable de renseignements.

La contribution des patentes et l'imposition pour frais de bourse et de chambre de commerce sont inscrites avec les contributions foncière, personnelle-mobilière et des portes et fenêtres, sous l'accolade intitulée « Contributions directes; » les frais de poursuites, les taxes assimilées aux contributions directes et les produits communaux, etc., dans leurs colonnes respectives.

Ce livre ne souffre ni grattage ni surcharge. Les simples **erreurs** sont **rectifiées** là où elles existent, par un trait passé sur le chiffre matériellement inexact. L'inscription vraie se fait au-dessus. Les autres erreurs peuvent faire l'objet de mentions telles que celle-ci :

« A retrancher de...... et à porter à......, »

Il est arrêté à la fin de chaque journée d'opérations — les émargements achevés — et totalisé par année. Il forme une série de volumes de 600 quittances numérotées chacun. Les volumes terminés sont consécutivement envoyés à la **vérification** du chef de service. Le dernier de la série est arrêté, en toutes lettres, le 31 décembre, et immédiatement expédié à la Recette des finances.

_____

(1) Voir p. 9.

X. — Du Livre récapitulatif.

Comme l'indique son titre, le Livre récapitulatif est destiné à la récapitulation des recettes et des dépenses de toute sorte. En tant que recettes, il doit toujours rigoureusement concorder avec les résultats des diverses colonnes du Journal à souche. C'est spécialement le compte de centralisation des contributions directes proprement dites. De plus, il présente constamment la balance des écritures et le chiffre total des fonds des communes et des établissements, déposés au Trésor ; c'est pourquoi il sert à dresser la première partie du tableau journalier, au Carnet de caisse. A **chaque versement**, il est arrêté et présenté à la Recette des finances. Il est également totalisé, à la fin du mois, pour dresser la situation sommaire.

Dans des **tableaux annexes**, il renferme des indications nombreuses sur le service en général. Il est indispensable que ces tableaux soient sans cesse à jour.

Il ne l'est pas moins que le tableau des allocations de centimes additionnels extraordinaires soit très soigneusement tenu par unité communale et par article budgétaire. Les numéros des articles du budget (colonne 2) et les totaux par commune, aux deux parties de la page, sont mis à l'encre rouge. A l'en-tête de la première partie, au-dessous de la désignation du trimestre d'imposition, on indique, d'ailleurs, la date de prise en charge du rôle supplémentaire. Cette précaution permet de rapidement additionner les sommes devant figurer dans les colonnes 4 à 8 du bordereau trimestriel, détaillé [1].

(1) Voir p. 41.

Arrêté, comme le Journal à souche, le Livre récapitulatif est, le 31 décembre, communiqué au chef de service.

XI. — Du Livre des Comptes divers.

Le livre des comptes divers comporte trois sections.
La première, dont les feuillets sont **timbrés** à l'extraor-
dinaire, comprend les comptes des communes, établissements de bienfaisance et syndicats dont le comptable
est receveur; la deuxième, les comptes des taxes assimilées aux contributions directes et des autres produits
perçus pour le compte de l'Etat ou du Département ; la
troisième, les comptes des fonds des communes et établissements placés au Trésor, les avances et les valeurs
en portefeuille.

Dans les courts développements qui vont suivre, nous
ne retiendrons que ceux de ces comptes dont il n'est pas
fait mention ailleurs, et dont l'examen, au point de vue
des particularités qu'ils présentent, est de nature à
éclairer ceux à qui est dédié notre travail.

(a). — 1re Section.

Nous savons qu'en principe, les recettes et les dépenses
communales et analogues s'effectuent conformément aux
fixations d'états de prévision. Ces états, appelés **budgets**,
sont dressés par les conseils municipaux, commissions
administratives ou syndicats, et approuvés *ne varietur*
par l'autorité administrative compétente.

Il est toutefois des opérations d'ordre, intéressant plus
ou moins directement la commune ou l'établissement,
qui ne trouvent pas place dans les états dont il s'agit.
Tels sont les excédents de versement sur produits com-

munaux, les retenues pour les pensions civiles faites sur les traitements communaux et de même nature, les dépôts de garantie opérés par les entrepreneurs et fournisseurs concourant aux adjudications publiques, etc. Ces différentes opérations figurent à la suite des comptes de gestion, dans des chapitres, par exercice, compris sous le titre assez vague de : **Services hors budget.** Au Livre des comptes divers, elles font l'objet de chapitres distincts, détaillés par commune ou établissement.

Les **excédents de versement sur produits communaux** sont ou remboursés aux ayants-droit, ou, en fin d'exercice, portés au compte de la commune.

Les **retenues pour pensions civiles** sont versées à la Recettes des finances, lors du premier versement qui suit la date à laquelle elles ont été réalisées. Comme les excédents sur produits communaux, dépôts de garantie, etc., elles figurent aux bordereaux détaillés. Leur chiffre total doit concorder avec celui du Livre des comptes divers.

Ce compte est tenu par exercice.

Les **dépôts de garantie** sont ou bien remis sans délai aux soumissionnaires non déclarés adjudicataires, ou bien convertis, par les soins du comptable, — à la Recette particulière ou à la Trésorerie, — en cautionnements définitifs.

Toutes les recettes communales (Services hors budget y compris) autres que celles des prestations pour le service vicinal, de la taxe municipale sur les chiens, les taxes de remplacement en matière d'octroi [1] et des cen-

---

(1) Les trois sortes de recettes ci-dessus énumérées sont en général désignées sous la dénomination de **taxes communales assimilées** (aux contributions directes), comme le sont la mainmorte, les poids et mesures, etc.

times additionnels aux **quatre contributions directes** [1], donnent lieu, si elles dépassént 10 fr., à l'apposition, sur la quittance à souche, aux frais du débiteur, d'un **timbre mobile** de 0 fr. 25. Par exception, le comptable agissant comme trésorier des caisses des écoles, les subventions des communes pour ces caisses, passées aux services hors budgets, ne sont timbrées qu'à 0 fr. 10.

Tous les timbres mobiles apposés doivent être oblitérés **à l'encre grasse, noire.**

(b). — 2e Section.

Dans la deuxième section du Livre des comptes divers, — consacrée surtout à l'enregistrement des opérations relatives aux **taxes assimilées aux contributions directes** (mainmorte, poids et mesures, chevaux et voitures, taxe militaire, etc.), — quelques comptes seulement fixeront notre attention :

1º *Frais de poursuites.*

Les amendes sont **immédiatement** exigibles.

Les contributions le sont, elles, **par douzièmes.** Dans la pratique, on les fait payer en deux moitiés, — en mars et en septembre. Fréquemment, les contribuables se libèrent en une seule fois; il importe alors que ce soit en juin. Ils reçoivent des avertissements établis par la Direction des Contributions directes, et, à défaut de paie-

---

(1) La contribution foncière, la contribution personnelle-mobilière, la contribution des portes et fenêtres, et la contribution des patentes.
De plus en plus est agitée la question de supprimer tout ou partie de ces contributions (projets d'impôts sur le revenu) ; mais il y a si longtemps que l'on en délibère que ce ne semble pas être là réforme facile à accomplir.

ment en temps normal, des avis officieux, blancs ou de couleur, rédigés par le percepteur, et dont le modèle est préalablement soumis à l'approbation du Trésorier-Payeur général.

Quand, à défaut de payement, il y a lieu de recourir à des poursuites, le percepteur procède à l'envoi, aux retardataires, d'une **sommation sans frais** [1]. Si cette première mesure est méconnue, on a successivement recours aux suivantes : **sommation avec frais, commandement, saisie, vente.** Les quatre derniers degrés de poursuites sont exercés, soit par le **porteur de contraintes** de l'arrondissement, par l'entremise du Receveur des finances, soit par les facteurs des postes et les huissiers autorisés.

Les propositions de poursuites, à la Recette, sont produites en double expédition. En ce qui concerne les contraintes et les commissions extérieures, une simple demande suffit.

Quel que soit le degré de poursuites atteint, lorsqu'un débiteur se libère des termes échus, il faut, en cas de poursuites subséquentes, recommencer par la sommation avec frais.

En ce qui concerne les taxes communales assimilées (prestations pour le service vicinal, etc.) [2], le privilège des communes n'est primé que par celui du Trésor, relatif à l'impôt direct (quatre contributions, etc.).

La sommation sans frais et la sommation avec frais n'existent point quant aux amendes; en d'autres termes,

---

(1) Pour la taxe des poids et mesures, d'une manière absolue, et pour les rôles spéciaux d'imposition, quant aux articles dont le montant est inférieur à un franc, l'avis modèle n° 67 tient lieu de sommation sans frais.

(2) Voir p. 34 (renvoi).

il n'y a **pas de degré intermédiaire** de poursuites entre l'avertissement et le commandement.

Commandement. — Enregistrement. — Droit. — En matière de contributions directes, le droit d'enregistrement de 1 fr. 25 par commandement n'est dû que lorsque la cote faisant l'objet de la poursuite, — ou **l'une des cotes,** s'il y en a plusieurs, — est supérieure à 100 francs, à l'origine, et, en outre, lorsque le contribuable poursuivi pour une cote de plus de 100 francs ne s'est pas libéré dans les quatre jours de la signification. Autrement l'enregistrement est toujours opéré gratis.

En ce qui concerne les amendes, le droit est dû pour toute créance dont le chiffre figurant sur l'extrait de jugement excède 100 francs, cela quel que soit le délai dans lequel le débiteur se libère, quel que soit aussi le montant des acomptes versés.

Une mention ainsi libellée : « Les contribuables ins-
» crits sous les n°s .... se sont libérés dans le délai
» de quatre jours; les assujettis inscrits sous les n°s ......
» ne sont débiteurs d'aucune somme (cote ou condamna-
» tion) excédant 100 francs » font connaître au Receveur
si l'enregistrement doit être gratis ou non.

Les **frais taxés sur états** par le préfet ou le sous-préfet, sont recouvrés en même temps que les contributions et les amendes dont ils résultent. Ils sont imputables à l'exercice auquel appartiennent les cotes ou les condamnations pour lesquelles ils ont été faits. Il n'y a pas à distinguer, pour la prise en charge, quant aux frais se rapportant à des contraintes extérieures.

Pour les **produits communaux,** il est d'usage de faire **autoriser les poursuites par les maires.** Du reste, cette formalité a pour effet considérable d'entièrement dégager, en ce qui concerne les frais, la responsabilité du receveur.

Les frais de poursuites des taxes et produits communaux figurent, en tant que recouvrements, à la première section du Livre des comptes divers, dans les services hors budget. Comme dépenses, ils sont portés à la troisième section de ce livre (compte des **avances**).

2° *Excédents de versement sur contributions directes et taxes assimilées.*

Par l'allocation de dégrèvements, par des redressements d'erreurs de perception, il peut arriver que des sommes soient touchées en trop. Ce sont là des **excédents de versement**.

En premier lieu, à la réception des ordonnances de décharge, **mention de la remise accordée** est inscrite à l'article du rôle qu'elle concerne, et recette de la somme à laquelle elle s'élève est faite, au nom du Receveur des finances et au titre « Excédents de versement sur contributions, » au Journal à souche.

En second lieu, l'erreur retrouvée est, s'il est nécessaire, pareillement mentionnée au rôle, et, en fin de journée, il est déduit des colonnes 3 ou 4 et 5 ou 6 du Livre récapitulatif et du Journal à souche — s'il s'agit de contributions — la somme qui doit être transportée aux colonnes 6 ou 8, où entrent les excédents de versement. Dans l'un et dans l'autre cas, l'excédent constaté est ultérieurement porté au Livre des comptes divers, au chapitre des excédents de versement sur contributions directes, et au Carnet des ordonnances de dégrèvement (colonne 22).

Si l'excédent s'applique à une recette déjà comprise dans la colonne 6 du Livre récapitulatif ou dans la colonne 8 du Journal à souche, la rectification embrasse seulement le compte du Livre des comptes divers où elle figure à tort, et, par conséquent, le compte, à ce même livre, des excédents de versement sur contributions.

Les opérations sont à peu près semblables en ce qui concerne les excédents sur produits communaux.

Les excédents de versement de différente nature donnent lieu à la préparation de **quittances** volantes, pour les parties prenantes, et de **lettres d'avis** à faire parvenir dans un délai de deux mois.

Les excédents de versement sur contributions ne sont payables par le percepteur que **jusqu'au 31 décembre de la seconde année** de l'exercice [1].

Si la partie à rembourser réside en dehors de la réunion de perception, le payement peut être délégué, par le simple envoi de la quittance préparée, par la voie hiérarchique, à un collègue.

Lorsqu'ils n'ont pas été payés dans l'année de leur constatation, ces excédents sont ordinairement appliqués, d'office, aux contributions de l'exercice suivant. Alors sont produits par le comptable l'état collectif n° 2 de la circulaire du 31 mai 1862, et une quittance à souche collective également, portant le libellé : « Reçu de moi-même, etc. ».

Les quittances d'excédent de versement sur contributions directes et taxes assimilées ne sont **pas sujettes au timbre** ordinaire de 0 fr. 10. Elles constituent des pièces de dépense et sont inscrites comme telles sur le carnet *ad hoc*.

Par analogie avec ce qui est pratiqué pour les contributions directes et les taxes assimilées, proprement dites, les quittances d'excédent de versement se rappor-

---

(1) Pour les excédents de versement sur contributions et taxes assimilées, l'exercice prend le millésime de l'année au cours de laquelle le versement est effectué à la Recette des finances.

tant à la taxe sur les chiens et à celle des prestations (taxes communales) sont exemptées de timbre [1].

Les excédents non communaux sont versés, à l'aide d'un **bordereau**, au plus prochain versement.

3° *Permis de chasse.*

Un droit de 28 fr. par année frappe les permis de chasse. Ce droit est réparti, avons-nous dit, de la façon suivante : à l'Etat, 18 fr.; à la commune, 10 fr. L'inscription au Journal à souche et au Livre récapitulatif est donc effectuée dans les colonnes 6 ou 8 (18 fr.) et 8 ou 9 (10 fr.). Les quittances doivent contenir la mention, à l'encre rouge, qu'elles « *ne tiennent pas lieu de permis.* »

La part du Trésor est **versée mensuellement**, à l'époque du grand versement, par bordereau, à la Recette des finances.

Il est recommandé de s'abstenir de tout envoi direct de quittances à souche à la Sous-Préfecture, et de ne délivrer des duplicata de ces quittances que sur des réquisitions du préfet ou du sous-préfet.

---

(1) Sont encore exempts du timbre de quittance de 0 fr. 10 les mandats de secours délivrés aux indigents. L'exception se justifie par la mention dont le texte suit, portée par l'ordonnateur : « *Exemption de timbre, loi du 13 brumaire an VII ;* »
Les quittances (à l'exclusion des mémoires) des fournisseurs des établissements charitables, lorsque la mention que leurs fournitures sont destinées aux indigents est portée sur le mandat de paiement ;
Les quittances des sommes versées à des tiers pour des indigents.
Il en est de même des quittances relatives aux opérations des Sociétés de secours mutuels et de la Caisse nationale des retraites pour la vieillesse, ainsi que de celles des indemnités attribuées aux délégués sénatoriaux.

4° Fonds de subvention.

En cas d'**insuffisance de l'encaisse** du Trésor, il est, sur la demande du comptable, alloué des fonds de subvention pour l'acquit des dépenses publiques. Les fonds ainsi perçus sont reversés au premier versement qui suit.

(c). — 3ᵉ SECTION.

Le compte principal de la troisième section — le seul dont nous nous occuperons dans ce précis — est celui des **fonds placés au Trésor**. Le plus pratique est de le tenir par « soldes. » Avec ce procédé, à tout moment on a sous les yeux les sommes portant intérêts, possédées, au Trésor public, par chacune des communes et par chacun des établissements de la réunion de perception.

XII. — Du Livre de détail.

Ce registre réalise la classification par comptes sommaires des articles de recette et de dépense des budgets approuvés des communes et établissements. Il permet de constamment s'assurer de la **possibilité des mandatements de dépenses** faits par les maires et les ordonnateurs des établissements. Il donne pareillement la situation des recouvrements de l'exercice.

Le Livre de détail est arrêté chaque trimestre, pour la rédaction des **bordereaux détaillés** des recettes et des dépenses communales, qui en sont positivement les extraits ou relevés. Comme les autres registres, du reste, il peut l'être chaque fois que cela est nécessaire.

Bien tenus et parfaitement mis à jour, en fin d'exercice, les bordereaux détaillés constituent la minute pour ainsi dire complète des comptes de gestion. Ils laisseront d'autant moins à désirer que seront plus irréprochables le Livre de détail et les tableaux relatifs à la répartition des centimes additionnels communaux du Livre récapitulatif.

Le règlement prescrit aussi la tenue d'un **Livre de détail spécial** pour les recettes et les dépenses du **Service vicinal.** Dans beaucoup de services, on tient de préférence constamment à jour, en dépense tout au moins, les comptes des chemins vicinaux n° 68 [1].

XIII. — La Journée, les Émargements, la Caisse.

Chaque journée d'opérations — quel que soit le nombre d'icelles — entraîne pour le comptable l'obligation d'une série inéluctable d'écritures. En voici, sommairement, la désignation, et, selon nous, l'ordre d'exécution le plus avantageux.

A. — **Emargement** sur les divers titres de perception (rôles, actes administratifs, extraits de jugement, etc.), des recouvrements qui, malgré la sévérité des instructions, n'ont pu y être inscrits séance tenante, c'est-à-dire

---

(1) Voir p. 66.

devant les assujettis [1]. Cette première et longue formalité doit être accomplie très attentivement, afin d'éviter, pour l'avenir, tout mécompte.

B. — **Arrêté et totalisation** du Journal à souche.

C. — **Dépouillement** par compte ouvert respectif, sur un cahier de brouillon, des recettes de la journée, portées dans les colonnes 7, 8 et 9 du Journal à souche.

Dépouillement semblable des dépenses devant figurer dans la colonne 17 du Livre récapitulatif.

D. — **Vérification** nouvelle et complément, s'il y a lieu, des pièces de dépense de toute nature.

En ce qui regarde les dépenses de trésorerie et celles de l'État, le principal est de s'assurer que les titres présentés à la caisse sont, sans exception, revêtus du « *vu bon à payer,* » du Trésorier-Payeur général ou de celui du Receveur particulier, et que les parties prenantes sont réellement celles à qui ont dû être comptées les espèces.

Sous le rapport orthographique, les signatures ne sauraient offrir la moindre dissemblance avec le **libellé des noms inscrits** par les ordonnateurs.

Les pensions de retraites, les rentes viagères servies par la Caisse Nationale des Retraites pour la Vieillesse et les traitements de la Légion d'honneur sont payables au porteur.

Les **oppositions à payement**, quand il en existe, sont

---

(1) Ce qu'il est essentiel de faire en présence des contribuables et ce qui, pour l'autorité administrative supérieure, est évidemment l'important, c'est l'inscription, en regard de l'article principal (colonne 9 du rôle), de la somme totale recouvrée.

indiquées à l'encre rouge, ordinairement, dans le corps du titre. Le comptable ne doit pas négliger d'en tenir compte.

Il lui faut, en outre, se bien assurer que l'exercice auquel se rapporte le mandat ou l'ordonnance n'est pas expiré, que la pièce présentée à la caisse n'est pas, en un mot, forclose, et, enfin, mettre sur toutes les pièces, en oblitérant le timbre de quittance dont elles sont en majeure partie revêtues, le cachet « Payé par le percepteur de .... ».

Le contrôle des **pièces de dépense des communes et des établissements** présente énormément plus de difficultés ; il appelle impérieusement toute l'application, toute la vigilance du payeur. Il suppose, en outre, chez lui une connaissance parfaite de la nomenclature fort étendue des pièces justificatives des payements, dressée à la suite d'un accord intervenu entre les ministères de l'intérieur et des finances, et qui fait l'objet de l'art. 1542 de l'Instruction générale [1].

Les oppositions relatives aux services communaux et hospitaliers donnent lieu à la tenue du **Carnet** prescrit par l'Instruction générale.

Lorsque le titulaire d'un mandat ou d'une ordonnance est **illettré**, et qu'à raison du chiffre de la somme à verser [2], le payement peut être certifié par deux témoins [3] et le percepteur, les trois signatures sont précédées de la mention ci-après :

(1) Voyez « Comptes de gestion ».
(2) Ce chiffre ne peut excéder 150 fr. Pour les secours, nulle limite n'existe. Il en est ainsi pour les indemnités d'expropriation pour cause d'utilité publique. (Voir la circulaire du 30 décembre 1839, et l'art. 709 de l'Instruction générale du 20 juin 1859).
(3) De l'un ou de l'autre sexe.

« La partie prenante, ayant déclaré ne savoir signer,
» a été payée en présence des témoins dont suivent les
» signatures.

« *Les témoins,* »   « *Le Percepteur,* »

Ne pas oublier que les payements quels qu'ils soient
engagent directement et totalement la **responsabilité du
comptable.**

E. — **Passation** au Livre récapitulatif, en commençant
par les contributions directes et en suivant conformément à **l'ordre de la table** mise en tête du Livre des
comptes divers, des recettes du jour.

F. — **Inscription** au Livre récapitulatif, dans l'ordre ci-
dessus indiqué, des dépenses des communes et établissements.

G. — **Relevé** au carnet à ce destiné des différentes
dépenses acquittées pour le compte de l'Etat, du Département et des divers services de trésorerie.

Les versements à la Recette des finances et les
échanges [1], contre du numéraire, aux caisses des comptables des **régies financières,** sont totalisés par année.

H. — **Situation de caisse** sur le carnet d'abord, sur un
imprimé à envoyer, chaque soir (les jours fériés, de
versement, de tournée et de fin de mois exceptés), à la
Recette des finances, ensuite.

En regard de la ligne « numéraire, » indiquer, le cas
échéant, à l'encre rouge, le montant des fonds déposés
pour achat de rentes sur l'Etat.

---

(1) En dehors du chef-lieu de département, il importe de n'échan-
ger que des mandats départementaux ou des divers ministères, —
les autres pièces de dépense devant toujours rentrer par la Recette
des finances.

I. — **Inscription détaillée** au Livre des comptes divers, des recettes autres que les contributions directes, et des dépenses portées dans les colonnes 14, 15 et 17 du Livre récapitulatif.

J. — **Classement** soigneux, dans des chemises ou cartons distincts, des pièces de dépenses communales et autres.

K. — **Transcription** au Livre de détail, par commune et par établissement, des sommes inscrites, soit en recette, soit en dépense, dans la première section du Livre des comptes divers [1].

XIV. — Versements à la Recette des finances.

Les **versements**, — sauf pour les perceptions des classes supérieures, — ont lieu deux fois par mois, à la Recette particulière des finances ou à la Trésorerie. A l'époque des forts recouvrements, des versements supplémentaires sont quelquefois ordonnés.

On distingue les deux opérations normales en *grand versement* et en *petit versement*.

Celui-ci ne comprend ordinairement que l'excédent d'encaisse sur contributions directes. Celui-là s'étend à toute la comptabilité. Il est effectué dans la **deuxième dizaine du mois**, — à des dates déterminées dès le début

---

(1) Dans les petites perceptions l'usage est de ne faire que périodiquement — par semaine, par quinzaine, par mois — les inscriptions au Livre de détail. Le mieux cependant est d'opérer quotidiennement.

de l'année, — pour les perceptions qui relèvent directement des Recettes des finances, et dans la troisième dizaine pour les autres.

Les petits versements sont opérés dans la seconde ou dans la **troisième dizaine**, selon qu'ils sont faits à une trésorerie ou à une recette.

Pour les uns et pour les autres, on emploie des états uniformes par arrondissement de service, absolument commodes à remplir. Excepté pour les soldes de compte, les versements sur contributions directes et taxes assimilées, comprennent des sommes arrondies par 10 fr.

Le versement est un rapport intermittent du percepteur à son chef de service; c'est aussi pour ce dernier un élément important de contrôle et de surveillance.

Sur les bordereaux ou états de versement, de même qu'au fur et à mesure, au Carnet[1], les pièces de dépense doivent figurer dans l'**ordre** ci-après; savoir :

ORDRE DE PRÉSENTATION DES PIÈCES DE DÉPENSE

1° *Dépenses publiques.*

Quittance d'intérêts de cautionnement,
Pensions civiles, militaires et de victimes du Coup d'Etat,
Mandats des divers ministères, par ministère,
Mandats d'allocations mensuelles des percepteurs,
Ordonnances de dégrèvement,

---

(1) Voir p. 45.

Quittances de rentes nominatives 3 %, pendant les mois de février, mars, mai, juin, août, septembre, novembre et décembre.

2° *Dépenses de Trésorerie.*

Mandats roses du service départemental,

Dépenses de la Caisse des Dépôts et Consignations (rentes viagères),

Quittances de rentes nominatives 3 % (mois de janvier, avril, juillet, octobre),

Quittances de recouvrement en vertu de contraintes extérieures.

Quittances de contributions extérieures,

Quittances de remboursement d'excédents de versement sur contributions,

Cotisations municipales et particulières,

Mandats sur divers comptables (solde de la gendarmerie, etc.),

Quittances de remboursement de droits d'examen,

Quittances des payements faits pour les Invalides de la marine,

Décomptes d'enfants assistés et abandonnés,

Légion d'honneur et médaille militaire (traitements),

Coupons du Crédit Foncier,

Quittances de remboursement pour les Caisses d'épargne,

Mandats communaux de remboursement de fonds placés au Trésor.

Quittances d'allocation de centimes additionnels communaux,

Pensions sur fonds spéciaux (Retraites du Département, etc.),

Quittances de fonds de subvention (service du Trésor),

Paiements à régulariser.

3° Valeurs représentatives.

Coupons de rentes françaises au porteur,
Quittances de rentes payables à Paris,
Quittances de rentes nominatives 3 % amortissables.
Mandats des sénateurs et députés,
Mandats sur le caissier-payeur central du Trésor,
Les mandats sur le **caissier-payeur central du Trésor public** doivent être « endossés » comme suit, par la partie prenante :

> « Payez à l'ordre de M. le Percepteur des Contribu-
> » tions directes à......, valeur reçue comptant. »
>
> (Date et signature.)

Puis, par le comptable lui-même, dans les termes ci-dessous :

> « Payez à l'ordre de M. le Receveur des finances, à...,
> » valeur en compte. »
>
> (Date et signature.)

Les annuités d'emprunt des communes (Crédit Foncier, Caisse des Dépôts, etc.) sont versées le jour de l'échéance, au plus tard.

XV. — Des tournées.

Les tournées de perception — dans les localités situées en dehors de la résidence du percepteur — veulent, répétons-le, être faites avec une **rigoureuse exactitude.** Que ceci, surtout, soit retenu : il ne faut pas que le contribuable poursuivi, ou seulement menacé de l'être, puisse arguer que tel jour, à telle date, il s'est vainement présenté à l'endroit habituel, pour acquitter les impôts à présent exigés de lui.

Les jours de tournée sont affichés au bureau du percepteur et dans les mairies.

Le comptable **emportera en tournée** tous les documents, timbres, cachets, etc., dont il est susceptible d'avoir besoin. S'il se pourvoit d'espèces, soit pour rendre, s'il arrive, la monnaie, soit pour des payements prévus, il connaîtra exactement, avant le départ, la somme ainsi distraite de la caisse; il en prendra note, au surplus.

Un moyen mécanique, infaillible pour ainsi dire, de **prévenir les erreurs** qu'un comptable est si exposé à commettre en « faisant l'appoint » d'une pièce ou d'un billet de banque présenté en payement, est de supputer la différence qu'il verse à la somme due par l'assujetti. Soit une pièce de 20 fr. avancée pour une cote de 17 fr. 45, sur laquelle il y a à remettre une pièce de 0 fr. 05, une de 0 fr. 50 et une de 2 fr. Le percepteur comptera, mentalement ou à haute voix : Dix-sept, quarante-cinq et cinq, dix-sept cinquante, et cinquante, dix-huit, et deux, vingt francs.

Ni en tournée ni ailleurs — sous nul prétexte — *ne jamais se servir pour soi de l'argent de la caisse.* Une caisse reconnue juste confirme, affirme l'**exactitude des écritures.**

Il convient enfin de profiter des tournées de perception pour obtenir les **renseignements** qu'il y a lieu de se procurer sur place, pour prendre les signatures à donner par les maires, faire les recherches cadastrales utiles au recouvrement, et, quand cela est possible, opérer des mutations de propriété.

XVI. — Des mutations.

Cette branche du service, d'une importance vraiment capitale, exige, en même temps qu'une connaissance approfondie du règlement, un travail attentif, ardu et généralement considérable. Il faut s'attendre à exercer longtemps, avant de procéder *ex professo*. La mise au fait des coutumes de la contrée, des appellations métriques, de l'**arpent local** ; le commerce des gens idoines de l'endroit, l'habileté à consulter les pièces cadastrales, sont, pour les **mutations de propriétés** ou mieux d'immeubles, les auxiliaires très précieux du comptable. Sa besogne, au surplus, sera facilitée par les **notes** qu'il aura prises, en toute circonstance, sur les ventes, successions, donations-partages, expropriations, etc. Il est aussi fort important pour lui de s'attacher, — dès que les extraits des actes soumis à l'enregistrement lui parviennent, — à faire, au plus vite, emploi, **application** de ces documents.

Une recommandation expresse : ne pratiquer qu'avec certitude; ne point reculer devant une « descente sur les lieux. »

Il est fait tous les ans deux tournées spéciales de mutations. La première a lieu immédiatement après l'application sur les matrices des communes des mutations de l'année précédente; la seconde, à une date indéterminée, mais fixée de telle sorte que le travail soit achevé quinze jours, au moins, avant le passage du Contrôleur, pour la tournée générale.

XVII. — Des rattachements et des dégrèvements fonciers.

Le travail des rattachements, incomparablement long et sérieux, lui aussi, s'opère dès la **réception des rôles généraux** des contributions directes et des patentes; il doit constamment être sans lacune.

« Rattacher » signifie porter en regard de la cote personnelle-mobilière [1] du contribuable, au Rôle général, tous les autres impôts, toutes les autres redevances dont il est ou devient responsable dans l'année, envers le Trésor, envers le Département et envers les communes et établissements. Si les rattachements sont soigneusement exécutés, le comptable a sans cesse sous les yeux, par total ou par soustraction, la situation de chacun des assujettis de son service. Pour faciliter le recouvrement, on fait, dès qu'elles sont possibles, dans la colonne 8 du rôle, les réductions résultant des **dégrèvements des petites cotes foncières** [2]. Les différences dont il s'agit peuvent être faites en un jour à peu près. Cette légère perte de temps est plus tard amplement compensée.

On doit se garder d'effectuer par approximation la division des cotes ne faisant pas l'objet de *rôles auxiliaires ou de fermiers;* on évite ainsi les réclamations fatales,

---

[1] Parfois et à défaut d'une autre cote, — la plus élevée d'habitude.

[2] Voir p. 62.

résultant des divisions faites sans bases bien positives [1].

C'est à l'aide des rattachements que se font les **distributions d'avertissements ou bordereaux.** Dans la pratique, on se sert pour cela des écritures de l'année précédente. Il n'y a guère à escompter d'embarras qu'au renouvellement quatriennal des **matrices générales des rôles,** en dépôt dans les mairies; encore ne peut-il y en avoir que fort peu [2].

1º **Travail des Rattachements.**

Les avertissements ayant été complétés par l'inscription du nom du comptable, de l'indication des jours de recette et de celle de la date de publication du rôle, il reste à :

a) Rapprocher, pour identification positive, exacte, tous les avertissements des différentes cotes des rôles de l'exercice précédent ;

b) Marquer d'une croix, d'un signe quelconque les avertissements des articles principaux; porter sur les autres le numéro de l'article principal auquel ils sont rattachés,

---

(1) Nous joignons, nous, le cas échéant, aux avertissements, un petit avis imprimé ainsi conçu :

« A défaut de rôles spéciaux de fermiers ou d'états de division » de cotes très exacts, le Percepteur, soussigné, s'adressera désor- » mais et exclusivement, pour le recouvrement, aux propriétaires » assujettis. »

» D'ailleurs, les déclarations de délégation ou les états de division » devront être expédiés, sans délai, à la perception. »

(2) Il n'y en a point plutôt si, en donnant aux avertissements — au crayon ou à l'encre de couleur — leur ancien numérotage et en les classant provisoirement dans cet ordre, on commence à les grouper tels quels. L'épinglage ou le collage des paquets effectué, on remet dans l'ordre nouveau des articles principaux, et on rattache.

en ajoutant, s'il y a lieu, au numérotage la lettre initiale de la commune ;

c) Classer le tout par ordre numérique et par rang ordinaire de commune, c'est-à-dire intercaler les avertissements à rattacher à la suite de ceux marqués du signe adopté pour distinguer l'article principal;

d) Copier, à l'encre de couleur, sur le rôle de l'année, les modifications d'adresse transcrites sur l'ancien, ainsi que les diverses notes permanentes intéressant le recouvrement ;

e) Reporter les changements d'adresse au moins sur tous les avertissements d'article principal qu'ils peuvent concerner ;

f) Rattacher sommairement; en d'autres termes, porter dans la colonne 6 du rôle le numéro de l'avertissement pour l'article principal, et, ensuite, dans l'ordre où ils se trouvent placés, les numéros des avertissements intercalés ;

g) Rassembler tous les avertissements d'un même assujetti en les épinglant — article principal en dessus — ou mieux en les collant par une goutte de colle étendue au coin inférieur, gauche ;

h) Faire mettre les avertissements en distribution, par la poste ou autrement.

Les avertissements pour les contributions des francs-bords des rivières, canaux, etc., à envoyer au Receveur de l'enregistrement, des domaines et du timbre de la circonscription, doivent être certifiés par le percepteur et visés par les maires des communes où sont situées les parcelles imposées.

Ceux des compagnies de chemin de fer sont directement adressés au siège de l'Administration.

2° Dégrèvement des petites Cotes foncières.

Les éléments du travail à effectuer font l'objet de l'instruction du 18 décembre 1897, modifiée ou complétée par
les circulaires des 24 décembre 1898 et 27 décembre 1899.

Ce travail comporte, dans l'ordre où nous les donnons,
les divisions ci-après :

Collation des rôles.

Rapprochement ou comparaison, en suivant la con-
texture des états généraux de dégrèvement, du revenu
foncier cadastral (propriété non bâtie) figurant sur les
rôles nouveaux, avec celui des anciens rôles.

Cette première opération qui demande un jour, en
moyenne, est très avantageusement faite à deux ou
trois personnes.

S'il y a discordance entre les chiffres examinés, noter
par un signe, au crayon, sur l'état général, les articles
qui devront par suite être supprimés.

Quand il y a lieu, répéter ce signe aux articles corres-
pondants des autres états (2e partie).

Porter en regard de la cote, sur le rôle ancien, à l'article principal, une annotation, au crayon de couleur, qui
facilitera la rapide rédaction des lettres d'avis de radiation, modèle n° 2.

5

Lettres d'avis n° 2.

Préparation, à l'aide du rôle ancien, des lettres n° 2. En envoyer seulement aux assujettis des articles non rattachés ou principaux.

Indiquer, si on le juge à propos, entre le pénultième et l'antépénultième paragraphe, la date extrême pour la production des nouvelles déclarations.

Bulletins n° 2.

Les bulletins de modification de dégrèvement, modèle n° 2, à envoyer aux collègues, sont tout de suite préparés : le tableau A, sur la première partie des états généraux; le tableau B sur la 3e partie; le tableau C, conformément aux instructions (circulaire du 24 décembre 1898, p. 4). Le cachet de la perception est apposé auprès de la signature.

Si le numérotage marginal, au crayon, dont nous parlerons plus loin, a ponctuellement été effectué, c'est là une besogne de quelques heures. A retenir qu'elle est effectuée dans un délai de *quarante-cinq jours*, à compter de la date de publication des rôles.

Annotation des États.

Dans la mesure du possible et dans un but de simplification, il est, au préalable, fait emploi des bulletins n° 2 reçus. A chaque réception, en tout cas, les mentions 4 A, 4 B, 4 C sont mises, à l'encre rouge, sur les états généraux, et des bulletins supplémentaires n° 2 sont, s'il y a lieu, expédiés aux autres collègues intéressés aux radiations ainsi indiquées.

Remplacer, d'ailleurs, par les chiffre et lettre 4 I (encre rouge) les croix au crayon mises, en collationnant les rôles, sur les états généraux.

Mention sur les Rôles.

Porter, à l'encre rouge également, sur les rôles de l'exercice antérieur et seulement à l'article principal intéressé, lorsqu'il y a rattachement, les mentions de radiation : R I, R A, R B, R C, selon le cas, relevées sur les états généraux.

Ajourner la radiation, toujours à l'encre rouge, des dégrèvements qui doivent disparaître, et, par conséquent, l'addition, par page, des inscriptions maintenues aux états généraux, jusqu'après l'émargement des dégrèvements résultant des déclarations nouvelles.

Déclarations nouvelles. — Vérification. — Classement.

Vérifier, rectifier et compléter, le cas échéant, au fur et à mesure de leur réception, les déclarations nouvelles. Les conditions principales à remplir sont les suivantes :

La part de l'État, dans la cote personnelle-mobilière de l'impétrant, doit être inférieure à 20 fr. 01.

Dans le total des cotes foncières payées par lui, cette part ne doit pas être supérieure à 25 francs.

Le classement par ordre numérique du rôle, pris au premier des articles à dégrever, s'il y en a plusieurs, et par commune, s'opère ensuite.

Les demandes fondées sont mises dans le bordereau-chemise A, modèle n° 7.

Les demandes à rejeter, dans le bordereau B (modèle n° 8).

Les demandes subordonnées à une mutation de cote, dans le bordereau C (modèle n° 9).

Les demandes du bordereau C donnent lieu à l'envoi de la lettre n° 5; celles du bordereau B, à la lettre n° 6.

Il n'est pas inutile de rapprocher les déclarations nouvelles, classées comme il vient d'être dit, des anciennes inscriptions de l'état général, autant pour s'assurer qu'aucune des déclarations ne fait double emploi que pour voir si tous ceux qui devaient demander derechef un dégrèvement y ont songé.

Les demandes à porter sur l'état général de l'année sont ensuite complétées, et le certificat sommaire à envoyer à la Recette des finances (circulaire du 28 décembre 1897, p. 23), préparé.

ÉTATS GÉNÉRAUX — RÉDACTION

Première Partie

Prises dans l'ordre où elles se trouvent, les déclarations nouvelles sont successivement relevées sur les états généraux (1ʳᵉ partie) de chaque commune.

Dans la colonne 3 est porté le chiffre total de la part de l'Etat;

Dans la colonne 4, les numéros des articles de l'année;

Dans les colonnes 5-6, le nom et le premier prénom figurant sur chaque bordereau.

Le montant détaillé de la part de l'Etat est porté, d'après le chiffre total (colonne 3), dans l'une des quatre colonnes 7, 8, 10 et 12.

Les avertissements concernant « d'autres communes » sont relevés, sans difficulté, dans les colonnes 14 à 18.

Le nom du réclamant réel est souligné dans la colonne 5-6. S'il n'existe sur aucun des avertissements joints à la demande, l'ajouter à la suite (même colonne), entre parenthèses, et le souligner.

Souligner également, dans la colonne 16, les noms des communes de la réunion.

Numérotage au crayon.

Numéroter l'état général, au crayon, par déclaration, en regard du total de la colonne 3, — en marge, à gauche; — par une série de numéros unique pour toutes les communes. Ces numéros seront précisément ceux du registre à souche nº 2. Numéroter de même les déclarations relevées sur l'état.

Ce numérotage devra être rappelé pour chaque inscription faite à la 2ᵉ partie des états généraux.

Importance du numérotage.

Cette précaution élémentaire et brève a pour avantage extrême de sensiblement faciliter la rédaction de la 2ᵉ partie de l'état général, et l'établissement éventuel des bulletins de modification n° 2. Elle permet, au surplus, de rapidement remplir la colonne 1 des extraits (modèle n° 4) à notifier aux collègues. Elle est enfin d'une utilité évidente pour l'émargement au rôle de l'année, à l'encre rouge (...... D).

Calcul des Remises. — Additions.

Les colonnes 9, 11 et 13 de l'état général sont remplies à l'aide des barèmes officiels. Le taux appliqué aux articles de la commune, l'est à ceux de la colonne 19.

On additionne ensuite, par page. Le contrôle des opérations peut, chaque fois, s'opérer.

Le petit tableau, au bas de la feuille, à gauche, reçoit, dans sa première colonne, le chiffre du nombre de la colonne 4, et dans sa seconde le chiffre de celui de la colonne 17.

DEUXIÈME PARTIE

Les articles de la deuxième partie de l'état général devant être inscrits dans l'ordre où ils figurent au rôle, un relevé provisoire sommaire est nécessaire. On prend, sur la première partie, le numéro au crayon de la marge, le n° de l'article et les sommes à reporter (colonnes 17 à 19); on espace et on intercale; puis on transcrit.

La colonne 5-6 de la deuxième partie, ainsi que les colonnes 14 à 16, sont remplies avec les avertissements épinglés aux déclarations classées et numérotées.

Ne pas omettre de répéter à la deuxième partie le numérotage marginal, au crayon, pris à la première partie.

Troisième Partie

On consultera, au préalable, à la page 39, l'instruction du 18 décembre 1897, et on parera aux erreurs toujours possibles de notification, en émargeant sur les rôles, au fur et à mesure de la réception des pièces, les extraits modèle n° 4, envoyés par les collègues (voir, pour l'expédition, le paragraphe ci-après).

Le travail d'inscription à la troisième partie des états généraux procède en quelque sorte de celui de la deuxième partie. On fait un relevé préparatoire, pour le classement par ordre numérique des rôles, où figurent seulement les numéros des extraits reçus et ceux des articles dégrevés. On transcrit ensuite les deux séries de chiffres sur l'état général : la première, en marge, au crayon; la seconde, à l'encre naturellement, dans la colonne 4. Il n'y a plus qu'à compléter, avec les extraits.

Les extraits reçus des collègues sont récapitulés au Carnet de situation générale (colonnes 1 à 3).

Extraits n° 4.

Aussitôt la première partie des états généraux établie, on envoie tout d'un coup aux collègues les extraits modèle n° 4 qui les concernent.

Il y a lieu de totaliser et de vérifier toutes les colonnes des extraits notifiés. Il est bon, d'ailleurs, de conserver les divers résultats trouvés, afin de s'assurer, en temps opportun, si le montant des cotes foraines susceptibles d'être dégrevées, ajouté au total général de celles de la deuxième partie des états généraux, donnent bien, comme il est nécessaire, le chiffre récapitulé, global de la colonne 18 des diverses premières parties.

REGISTRE A SOUCHE N° 2

L'enregistrement des demandes en remise sur le registre à souche modèle n° 2 est d'une simplicité absolue. Les souches sont d'abord remplies, à l'aide des déclarations restées classées, et en consultant, page par page, pour s'assurer de l'exactitude de la colonne 7 du registre, les états généraux (première partie). Les volants sont copiés sur les souches.

Emargement des Rôles.

Il est dès lors procédé aux émargements ainsi qu'il suit :

a) Inscription aux rôles (colonnes 5) des dégrèvements résultant des déclarations *nouvelles* ou de l'année courante, portés aux parties première et deuxième des états généraux, — le numéro du registre n° 2, *suivi* de la seule lettre D devant être porté dans la colonne destinée à recevoir le numéro des quittances à souche ordinaires.

A observer que les émargements de la troisième partie (année courante), avec, dans la colonne précitée, la mention D E, *précédée* du numéro de l'extrait n° 4 reçu, sont d'ores et déjà effectués.

b) Inscription seulement ensuite des dégrèvements accordés d'office, c'est-à-dire de tous les anciens qui doivent subsister aux états généraux.

Dans la colonne 3 du rôle porter uniquement les lettres D O, sauf aux émargements de la troisième partie (années précédentes) où il convient de *faire suivre* ces deux lettres (D O) du numéro antérieurement donné à l'extrait n° 4, sur le vu duquel a été opéré le dégrèvement primitif, — numéro rappelé, au crayon, en marge de l'état général.

Radiations. — Totalisations.

A partir de ce moment, rien plus ne s'oppose à la mise à jour complète de la partie ancienne des états généraux, par la radiation des articles à retrancher et par l'addition des dégrèvements à conserver.

La récapitulation générale de tous les dégrèvements proposés est finalement faite, dans les formes prescrites par la circulaire du 27 décembre 1899, page 8.

Après chaque revision, les états généraux sont signés sur la couverture.

Opérations secondaires diverses.

Les volants du Journal n° 2 sont détachés; les avertissements et les extraits de rôle primitivement joints aux demandes y sont épinglés. Les avertissements sont frappés d'un timbre d'oblitération. Le tout est enliassé par commune. Les volants et avertissements des assujettis forains sont placés au-dessus.

Chaque paquet est complété par un certificat faisant connaître le nombre de déclarations proposées comme régulières.

Les demandes dépouillées des avertissements sont classées dans le bordereau d'envoi modèle A; les autres, avec les avertissements produits, dans les bordereaux B et C.

La note dont le contenu fait l'objet du paragraphe *in*

fine de la page 47 de l'Instruction du 18 décembre 1897 est rédigée.

Situation générale. — Relevé général.

Ces deux travails se complétant l'un l'autre, il y a à gagner en procédant simultanément.

Au carnet de situation générale, inscrire sur deux lignes les dégrèvements de l'année : ceux des demandes nouvelles à *l'encre noire;* les autres à *l'encre rouge.*

Dès lors le relevé général (circulaire du 24 décembre 1898, page 11) est tout simple à établir. Lorsque le nombre des demandes supprimées à la première partie des états généraux est *compté,* connu, la minute du précédent relevé général, le carnet de situation générale et la récapitulation générale de chacun des états généraux fournissent au comptable à peu près toutes les indications utiles.

Expédition.

Les déclarations enliassées, les demandes des différents bordereaux, les états généraux, le registre n° 2, la note qui s'y réfère et le relevé général sont, dans le délai de *deux mois et trois jours* après la date de publication des rôles (la dernière s'il y en a eu plusieurs), envoyés à la Recette des finances.

Il ne reste plus qu'à contrôler les émargements du rôle par dépouillement des sommes inscrites à l'encre rouge, et par comparaison avec les inscriptions faites au Carnet de situation générale.

XVIII. — Des comptes de gestion.

Les comptes de gestion des communes et établissements et ceux des chemins vicinaux, constituent, sans contredit, la partie la plus difficultueuse d'un service de perception. On n'effectuera convenablement cette besogne qu'en suivant à la lettre les prescriptions des règlements, particulièrement celles de l'art. 1542 de l'Instruction générale, cité plus haut. Elle sera singulièrement facilitée par la **tenue de tout point régulière** du Livre de détail, et, par conséquent, des bordereaux détaillés, ainsi que par la **vérification absolument sévère** des pièces sur la présentation desquelles se font les payements ordonnancés par les maires, etc.

La **gestion**, qu'il importe de ne pas confondre avec l'*exercice*, est la constatation de l'ensemble des actes du comptable habilité à recevoir et à verser les deniers publics. Elle est périodiquement relatée dans des comptes débattus par le Conseil municipal et soumis, selon leur importance, à la juridiction de la Cour des comptes ou à celle du Conseil de préfecture [1].

La gestion est, en principe, annuelle. Toutefois, dans un but de simplification fort rationnel en soi, l'Administration a voulu que le compte rendu des opérations relatives à la gestion fût précisément présenté à la date d'expiration de l'exercice. C'est donc le 31 mars que sont normalement arrêtés, par commune et par établissement, les comptes dits de gestion.

En fin d'exercice, les comptes de gestion des communes et établissements sont produits, en double exemplaire : une minute timbrée, — comme les folios de la première section du Livre des comptes divers, aux frais de la commune, de l'établissement charitable, etc., — et une expédition sur papier libre.

---

(1) Les comptes des communes et établissements dont les revenus ordinaires annuels n'excèdent pas 30.000 fr. sont apurés par le Conseil de Préfecture ; les autres sont soumis à la juridiction financière de la Cour des Comptes.

Dans la première quinzaine d'avril, ils sont communiqués au Receveur des finances; ils lui sont renvoyés, avec les **pièces probantes** à l'appui, avant le 31 août.

A l'expiration de trois années, les minutes des comptes de gestion sont déposées aux archives des communes.

Du 1er au 5 avril également, sont fournis les **comptes des chemins vicinaux.**

XIX. — Pièces périodiques.

Une ponctualité ne laissant rien à envier doit présider à l'expédition, **à jour fixe,** des états de situation et relevés périodiques. On en donne pour raison — et on le concevra sans peine — le retard très fâcheux que la moindre négligence cause dans **tout le service** d'une recette, et, par suite, d'une trésorerie.

Une nomenclature ne saurait être complète. Celle qui est plus loin, — encore que suffisante, présumons-nous, pour la plus grande partie des réunions de perception, — est sans aucun doute susceptible d'être quelque peu parfaite ou modifiée [1]. Chaque comptable est donc dans l'obligation étroite de se constituer à lui-même un **tableau synoptique et chronologique** des pièces à produire [2], avec des références, s'il le juge opportun, aux instructions.

D'ailleurs, les proportions d'un abrégé tel que le nôtre, ne nous permettent qu'une énumération très sèche. Pour les développements que ne contiendraient pas, en renvois, les imprimés, le lecteur se reportera au tableau synoptique de la perception, ou, pour plus de **précision** et de **détails** aux lois et règlements en vigueur.

---

(1) Coupes de bois, délits forestiers, etc.
(2) Il y a des calendriers de bureau où des marges pour notes, en blanc, sont réservées, qui constituent un cadre fort pratique.

ENVOIS PÉRIODIQUES

NOMENCLATURE DES PIÈCES PÉRIODIQUES [1]

1° Pièces journalières.

Accusés de réception de tout ce qui est reçu de la Recette des finances,

Certificats de publication des différents rôles des contributions directes et taxes assimilées (*à expédier le lendemain du jour où la formalité a été remplie*), et bordereau d'envoi,

Etats relatifs aux achats et ventes de rentes sur l'Etat et aux opérations des Caisses nationales des retraites pour la vieillesse et d'assurance en cas d'accident,

Situation de caisse.

2° Pièces hebdomadaires.

Comptabilité — versements et remboursements — des Caisses d'épargne (*envoi par le dernier courrier du jeudi*).

3° Pièces mensuelles.

Bordereaux de versement (*dates variables*).

Etat des versements contre récépissés à souche opérés à la Recette ou à la Trésorerie (*A produire le 1er ou le 21 de chaque mois*).

---

(1) Toutes ces pièces, à l'exception des relevés mensuels des récépissés à souche et des avis de recouvrement concernant la Caisse des Dépôts et Consignations (Caisse des Retraites pour la vieillesse, Caisse d'assurance en cas d'accidents), sont expédiées à la Recette des Finances.

Situation sommaire de fin de mois (*En double* [1], *le 31 décembre*).

Fiches individuelles de recouvrement (amendes, crimes et délits).

Relevé 14 et 15 des actes taxés (*Poursuites par la Poste*).

4° Pièces trimestrielles.

État des avances pour frais de route (voyageurs indigents et condamnés),

Relevé des condamnés insolvables,

Relevé des fournitures de boissons (Établissements de bienfaisance),

État des paiements faits aux héritiers, légataires et donataires,

Relevé des taxes de vélocipèdes perçues par anticipation,

Relevé des condamnations en matière de plaques de vélocipèdes,

} *Dans les premiers jours du trimestre.*

État des patentes délivrées par anticipation (*au commencement d'avril, juillet et octobre* [2]),

Bordereaux détaillés des recettes et des dépenses communales (*dans les 15 premiers jours*),

5° Pièces semestrielles.

État des paiements faits pour la Caisse des Invalides de la Marine (1er *janvier et* 1er *juillet*).

Relevé n° 29 d'interruption des prescriptions (Service des amendes) (*Envoyer fin janvier et fin juillet*),

---

(1) Relever l'un des doubles assez complètement pour faire la balance d'entrée du récapitulatif.

(2) Voir pour l'état du 4ᵉ trimestre le § 6 de la présente nomenclature.

Extrait du Cahier de Notes (1° *Epoque des mutations;* 2° *le 15 octobre*),

Etat des payements sur adjudications et marchés (*le 1er juillet et 30 novembre* [1]).

6° Pièces annuelles.

Etat des droits perçus pour locations verbales [2] (exercice précédent) (*fin décembre*),

Etats des dates de publication des rôles généraux des contributions directes et de distribution des avertissements aux contribuables (*aussitôt les opérations effectuées et quinze jours, au plus tard, après la réception des rôles*),

Bordereaux des avertissements concernant les Compagnies de chemins de fer (*commencement de l'année*),

Avertissements concernant les francs-bords des rivières et canaux (*commencement de l'année*),

Propositions des jours de versement et état des jours de foire et de tournée (15 *décembre*),

Etat n° 86 des centimes communaux et du montant des rôles (*Aussitôt après la réception des rôles supplémentaires des Patentes du 4e trimestre*),

Situation *au 31 janvier* des résultats de l'exercice précédent (Circulaire du 12 janvier 1883),

Etat des cotes indûment imposées (*février*),

Etat des restes à recouvrer (*février ou mars*),

Etat des cotes irrécouvrables (*28 février*) [3],

---

(1) Consulter la circulaire du 15 décembre 1896, n° 1694, Comptabilité publique, et le Carnet des titres (recettes et dépenses) à régler en plusieurs exercices.

(2) La réception des déclarations de locations verbales, qui incombe indifféremment au percepteur ou au receveur d'enregistrement, n'est guère effectuée que par ce dernier.

(3) Il est important que les états de cotes irrécouvrables, relatifs aux contributions directes et taxes assimilées soient expédiés dès le 28 février. Ces états doivent comprendre tous les articles dont le recouvrement est incertain.

Comptes de gestion des communes et établissements,

Comptes de gestion des chemins vicinaux,

Voir Comptes de gestion,

Etat de propositions pour les tournées spéciales de mutation,

Etat d'emploi des extraits de l'enregistrement (mutations),

Dates variables,

Etat des condamnations pour délit de chasse (1er *juillet*),

Commande d'imprimés,

Extraits des rôles de prestations (Options en nature) (*A établir dans le dernier trimestre*).

Dernier état des patentes délivrées par anticipation (15 *décembre*),

Etat supplémentaire des versements opérés à la Recette (arrondissement),

Rapport sur la circulation monétaire et fiduciaire,

Relevé des opérations pour la Caisse nationale des retraites,

31 décembre.

Etat des arrérages de rentes restant à payer (15 *avril*),

Compte d'emploi des plaques de vélocipèdes (*Avant le 1er mai*),

Relevé des articles inscrits sur les états des cotes irrécouvrables et dont le recouvrement a été opéré ensuite (*à envoyer au Contrôleur, date indéterminée*),

Inventaire des registres et rôles à déposer à la Recette et à la Sous-Préfecture [1],

Situation sommaire des recettes communales et proportion des frais faits (chiens et prestations, — les totaux seulement),

31 décembre.

---

(1) Dans les mairies doivent également être déposés, contre récépissés des maires, les Rôles des chiens et ceux des prestations, ainsi que les comptes de gestion.

Etat annexe au bordereau de situation
sommaire du 31 décembre (en double) [1],
Journal à souche et récapitulatif (communication à la Recette),

31 *décembre.*

On ne saurait assez recommander d'apporter à l'établissement des **commandes d'imprimés** l'attention la plus
grande. Ces commandes sont, *dès le mois de juillet,* sou-
mises au Receveur des finances.

XX. — Archives.

Souvent, on est amené à consulter les archives du
service. Il faut donc, pour abréger la durée des **recherches**, que les documents qui les constituent soient
très méthodiquement et fort exactement classés. A peine
est-il besoin de faire remarquer qu'on se servira indifféremment pour cela, de cartons, de chemises en papier
résistant, ou de casiers.

Pour notre propre classement, nous avons adopté un
catalogue auquel correspondent les liasses étiquetées.
Nous n'en voulons point préconiser la valeur probable-
ment précaire; nous ne l'insérons ici que comme simple
indication.

Voici la copie de ce catalogue, placardé dans un endroit
apparent du bureau :

[1] Les receveurs spéciaux des communes et établissements pro-
duisent, en outre, à cette époque de l'année, un procès-verbal de
clôture des livres et de situation de caisse, établi avec le concours
soit du maire, soit de l'ordonnateur.

PERCEPTION de

ARCHIVES

CATALOGUE

a. — Journaux à souche.
b. — Rôles divers.
c. — Livres récapitulatifs.
d. — Livres des comptes divers.
e. — Livres de détail.
f. — Bordereaux détaillés.
g. — Comptes de gestion (communes et établissements).
h. - Correspondance administrative.
i. — Traitements de Receveur municipal. — Inventaires.
j. — Carnet des pièces de dépense, de caisse et de notes.
k. — Amendes et condamnations pécuniaires.
l. — Frais de poursuites.
m. — Dégrèvements et cotes irrécouvrables.
n. Dégrèvements des petites cotes foncières.
o. — Caisse d'épargne de......
p. — Service vicinal.
q. — Bibliothèque du service.
r. — Actes administratifs (Recueil des).
s. — Instructions officielles notifiées.

Il est évident qu'avec le secours de ce simple tableau, toute personne, — fût-elle complètement étrangère à l'administration, — ne pourrait manquer de trouver seule, une pièce dont elle aurait besoin de prendre communication.

TABLE ANALYTIQUE

DES MATIÈRES

TABLE ANALYTIQUE DES MATIÈRES

F

G

H

I

J

L

M

N

O

P

S

T

V

Imp. Oberthür, Rennes-Paris (1126—03)

www.ingramcontent.com/pod-product-compliance
Lightning Source LLC
Chambersburg PA
CBHW070858280326
41934CB00008B/1495